別傻了 這才是
橫濱

燒賣・中華街・和洋文化交融⋯⋯49個不為人知的潛規則

●都會生活研究專案——著
●許郁文——譯

YOKOHAMA
横浜ルール

前言

來自神奈川縣陣營，橫濱、鎌倉與箱根這三個地區堂堂登上前二十名！

此乃針對日本全國最具魅力地區的「魅力度排行榜（市區町村別）」（區域品牌調查 二〇一四 品牌綜合研究所）的調查結果。真是可喜可賀！同時，這也可說是非常少見的例子。

僅次於北海道有四個區域上榜，神奈川縣雖與沖繩不相上下同為入圍數量第二多的縣，但相較於這南北兩大觀光都市而言，神奈川縣不但位於首都圈內，面積狹小排名也是全國第五，而人口密度卻是全國第三。在如此地狹人稠的縣內，分布著許多與東京截然不同、個性鮮明且獨具魅力的地區……嗯，這裡的確是個充滿獨到個性的混沌之縣。

隨著地區不同每位居民的「表情」也千變萬化，然而共通之處便是不把隔壁東京當一回事⁉他們不會過於熱情、做作，有的只是對故鄉屹立不搖的愛。這種傾向尤其在神奈川的大魔王「橫濱」（橫濱之子）身上特別明顯……你說「誰叫他們有港未來（ＭＭ）、元町、中華街等等，很多美得像幅畫一般的景點啊」？錯！錯！若只憑這般淺薄的認知，是看不清這塊土地的「真實樣貌」的。

的確，開闊的港口、以廣大天空為背景呈現的ＭＭ現代街景、保有高格調西洋風情的元町、以及彷彿令人置身異國的中華街，毫無疑問地都是能讓在地居民挺起胸膛自豪不已的「橫濱（YOKOHAMA）」代表物，同時這些區域也訴說著歷史上和洋文化戲劇性的碰撞。只不過，這些充其量都是面對外來客所展現的面貌。

既然擁有前衛時髦的區域，也少不了好似老街才會出現的超平價商店街以及亂象叢生的地區。從車站稍微走一段路，便能遭遇到陡坡的攻擊（！），眼前也盡是一片農地、漁港與牧歌般的田園風景。舉目望向縣內全境，有海、有山也有水壩……

這就是在地人常說的「適度的都會感，意外的鄉村風」。這裡的居民僅僅是無比愛著能夠讓他們安心生活的這塊土地，即便偶爾會被批評「執著心不夠強」，也別無所求。然而人們的故鄉之愛雖然強烈，排他性卻很淡薄。原本橫濱就是從一八五九年開港後逐漸繁盛的新興都市，國內外的人事物集結於此，也養成了混合各種文化「來者不拒」的風土民情，讓橫濱成為一座彷彿沿著港岸散步時能感受到的那股，具有「良好通風」的都市。

本書會按往例悠哉地介紹這塊土地的魅力，希望有幸能夠成為不論當地居民或是外來客發掘「日常的橫濱・神奈川」的工具。

都會生活研究專案代表　大澤玲子

交通篇

Yokohama Rules

購物篇

Yokohama Rules

食物篇

Yokohama Rules

街道篇

Yokohama Rules

詞彙・人際關係篇

Yokohama Rules

生活百匯篇

Yokohama Rules

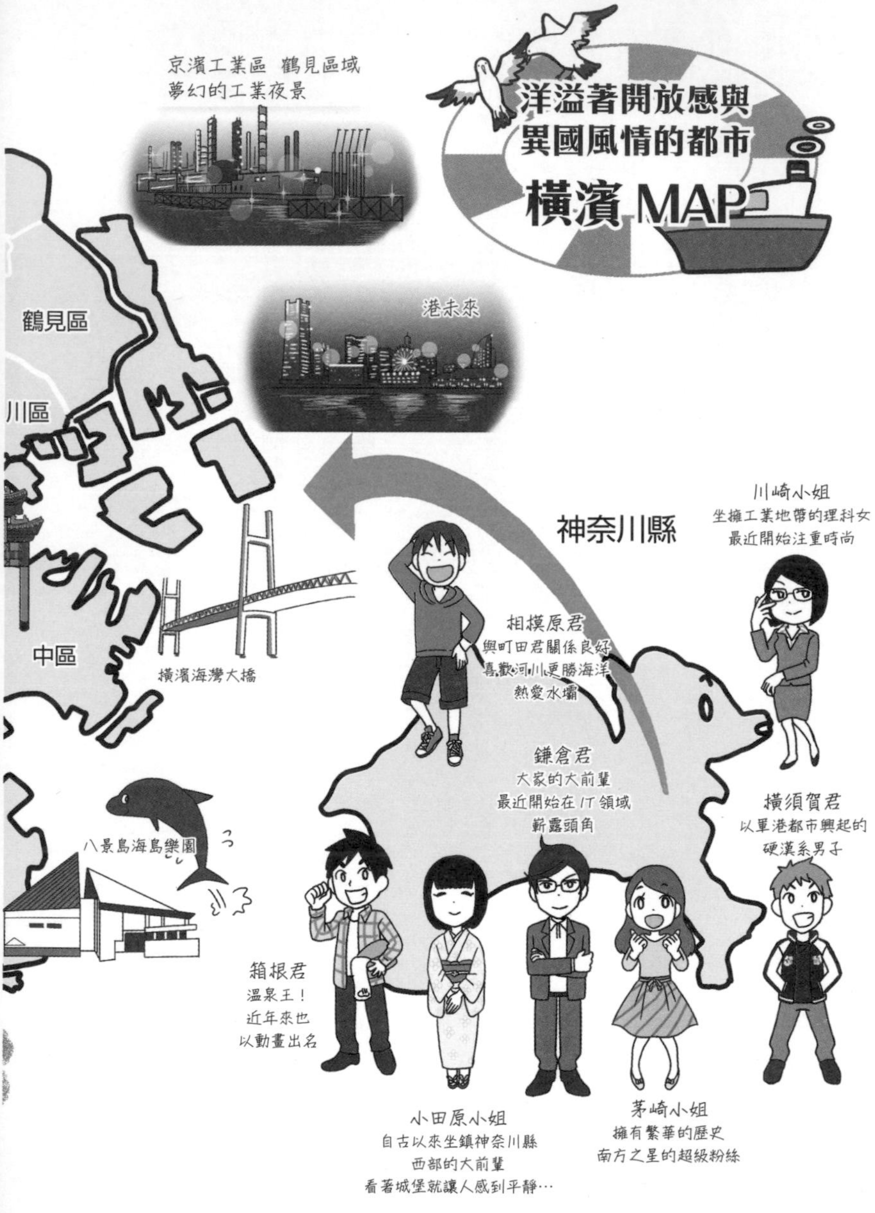

洋溢著開放感與
異國風情的都市
橫濱 MAP
京濱工業區 鶴見區域
夢幻的工業夜景
港未來
鶴見區
川區
中區
橫濱海灣大橋
八景島海島樂園
神奈川縣
川崎小姐
坐擁工業地帶的理科女
最近開始注重時尚
相模原君
與町田君關係良好
喜歡河川更勝海洋
熱愛水壩
鎌倉君
大家的大前輩
最近開始在IT領域
嶄露頭角
橫須賀君
以軍港都市興起的
硬漢系男子
箱根君
溫泉王！
近年來也
以動畫出名
小田原小姐
自古以來坐鎮神奈川縣
西部的大前輩
看著城堡就讓人感到平靜…
茅崎小姐
擁有繁華的歷史
南方之星的超級粉絲

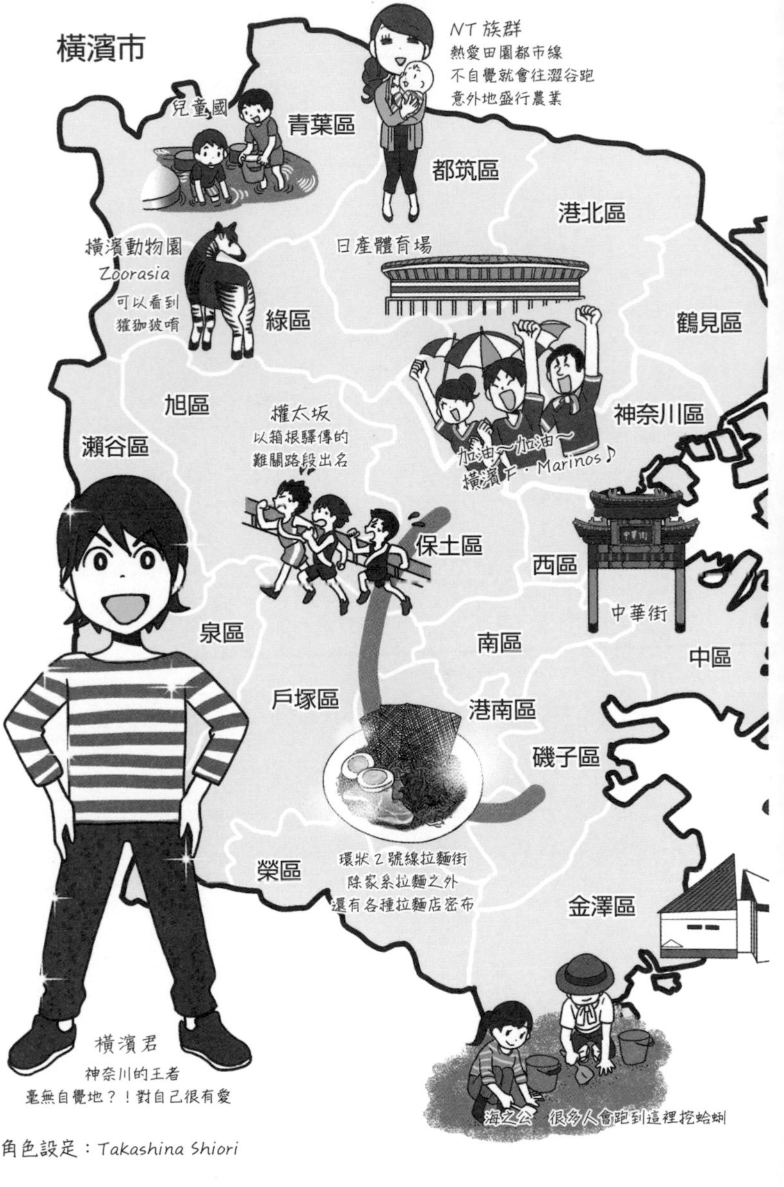

橫濱市
兒童國
青葉區
NT族群
熱愛田園都市線
不自覺就會往澀谷跑
意外地盛行農業
都筑區
港北區
橫濱動物園
Zoorasia
可以看到
獾㹢狓
日產體育場
綠區
鶴見區
旭區
權太坂
以箱根驛傳的
難關路段出名
瀨谷區
加油～加油～
橫濱F・Marinos♪
神奈川區
保土區
西區
中華街
泉區
南區
中區
戶塚區
港南區
磯子區
榮區
環狀2號線拉麵街
除家系拉麵之外
還有各種拉麵店密布
金澤區
橫濱君
神奈川的王者
毫無自覺地？！對自己很有愛
海之公　很多人會跑到這裡挖蛤蜊

角色設定：Takashina Shiori

Yokohama Rules

交通篇

購物篇

食物篇

街道篇

詞彙．人際關係篇

生活百匯篇

潛規則1

橫濱車站的建造工程何時結束已成永遠的謎

與二〇一四年迎來一百週年而蔚為話題的東京車站相比，橫濱車站到目前為止，則是持續進化了超過一百年之久……若是向橫濱之子問起這件事，他們應該都會喃喃自語地說：「啊啊，你說聖家堂[1]啊」。這便是在指「從懂事以來就一直建設中」的橫濱車站。

雖然在地人故意拿位於西班牙．巴塞隆納那座曾被謠傳要花三百年才能蓋好的教堂來嘲諷橫濱車站，實際上車站內部構造的確經常更動，要找到轉車最短路徑只有老手才做得到。如果是「初次造訪橫濱車站」的人，請務必抱著迷路的覺悟！

這也難怪，畢竟橫濱車站內有六家鐵路公司同時營運，共用數量乃日本第一。除了單日載客量高達二百萬人次，首都圈內位居第四，僅次於新宿、池袋及澀谷的寬廣佔地面積也是讓人「迷茫」的原因。然而橫濱車站其實在過去就曾數度歷經改建與搬遷。

一八七二年，日本第一條鐵路橫濱─新橋開通之際，第一代橫濱車站座落於現在的櫻木町站（車站附近立有鐵道起源地記念碑）。爾後於一九一五年移往現在橫濱市營地下鐵高島町車站附近，可惜後來因關東大地震而損壞，因此又於一九二八年在現址以鋼筋水泥建造能抵擋大地震的車站，結果就這樣陷入永遠無法竣工的狀態……直至今日。

相較於預定在二〇二六年完工的西班牙聖家堂，橫濱車站只要等到新建於橫濱CIAL舊址的「橫濱車站西口車站大樓（暫定）」順利在二〇二〇年完成，工程進度上也算是前進了一大步。此計畫預計興建地上二十六層、地下三層的站前大樓與地上九層的鶴屋町大樓，雖然因為東日本大地震的影響導致規模縮小許多，卻也得以藉機強化了防災措施，成為車站西口最高的摩天大樓。

說到二〇二〇年，也正好是東京奧運會的開幕年。在隔壁鄰居為奧運會鬧得沸沸揚揚之際，橫濱看來也是毫不遜色。

不對……與其比較遜不遜色，不如說橫濱根本沒打算與東京一較高下。根據都市計劃（Ekisaito橫濱22）來看，橫濱車站本身還要二十年才會正式完工，而這是否就是橫濱車站的最終型態也還是未知數。屹立不搖的第二大都市．橫濱&其居民就是如此地我行我素！

表面上乍看冷靜，其實熱愛橫濱的當地人內心也常盼望著「真希望有生之年能看到橫濱車站完工啊……」。

總之約在橫濱車站見面是件出奇困難的事（早期常用的地標CIAL出口與PORTA出口處的水桶擺飾都已經消失……）。作為地標唯一能依賴的派出所在西口也有兩個……初次踏入橫濱的菜鳥可得小心一點別誤入陷阱喔。

我是戶塚愛子
來自宮城
在意外的緣分下
決定和在橫濱出生且定居
的男友・勇司結婚
這是剛開始交往時
首次在他住處附近的
橫濱站下車時
發生的小故事
那個…
請問西口在哪邊？
第一次來所以不太清楚……
西口有分成
西口
北西口
南西口
……這三個出口
請問是要往哪個
方向呢？
……嗯？
有沒有能當作地標
的建築物呢？
眼花繚亂
咦～～
POLICE
現在在哪？
那個、在西口的派出
所前
那
西口的派出所？
哪一個啊？
欸？
連派出所也有
兩個嗎……

※ 若說到西口的派出所，通常是指公車候車處那一側，但偶爾也會有走到相鐵出口側的人……

潛規則2

時髦的東急線、親民的相鐵線

Yokohama Rules

以通勤通學平均時間八十六分鐘榮登全國第一名（二〇一一年社會生活基本調查　總務省統計局）的神奈川縣，既然得花這般漫長的時間在電車裡度過，要如何打開話匣子呢？其實「常坐哪條路線（利用哪個車站）」在這裡可是意外重要的話題。除了藉此了解彼此居住的位置，更是能夠解讀對方嗜好的關鍵，因此對話的時候也應加倍慎重。

打個比方，若對方說：「我住在川崎市，離家最近的車站是東橫線的武藏小杉站（簡稱KO-SUGI或MUSAKO）」，此時回答「所以是川崎市民囉」看似沒什麼問題，但就炒熱話題的選項來說卻是不及格。這時候類似「東橫線啊～很棒耶！」或是「MUSAKO最近很火紅吧！」的回答才是正解（參見潛規則13）。

川崎原本就被認為東西兩側（海側或山側）具有宛如雙重人格一般迴異的個性，當地居民也似乎對「川崎＝沿岸的工業地區」這種一概而論的印象感到厭煩!?若想當個本地達人，請務必連這般細節也先掌握住。

另一方面東急線因為沿線開發的效應，所以旗下的田園都市線、東橫線比較給人上流的印象。雖常聽到在地男性表示「女性乘客都很漂亮」，不過在東橫線與港未來線、副都心線、東武東上線互通後便利性大增之餘，原先的乘客們之間也傳出「車廂內的氛圍變了」、「因為埼玉那邊的電車意外導致這邊誤點太莫名其妙了」、「在從橫濱出發的列車上睡過頭，就這樣被載到森林公園站[2]了啦！」這類災情（？）。嗯～話說睡過頭應該是自己的問題吧……而田園都市線雖然曾獲「一生至少想住在沿線上一次」的頭銜，但或許是因為與東京交流較密切，土生土長的橫濱之子會笑稱田園都市線為「橫濱都民（搭乘的路線）」（參見潛規則12）。JR電車的各條路線也有不同的風格。會經過東京都內的立川、府中、町田、八王子的南武線、橫濱線散發著濃厚的各式文化融合的氣氛，連田園都市線與南武線交錯的溝口站也偏向JR色彩!?行經京濱工業區的鶴見線或許因為沿線多為重工業聚集地，不少車站都莫名散發著昭和懷舊感。

若談起東急以外的民營鐵路，京急線與相鐵線（相模鐵道）則是在地色彩強烈。相鐵線沿線有充滿溫馨古早味的商店街，生活機能十分便利！然而對沿線居民以外的人來說頂多是「相鐵線？為了換駕照去二俣川的時候才會搭」的程度（為此曾去過「田村駕訓班」的人也不少）。不過，招來貴婦最愛的高島屋百貨可是這間鐵路公司！而且預定於二〇一八年開通的「相鐵・JR直通線」以及二〇一九年四月的「相鐵・東急直通線」也必會一口氣提升前往東京的便利性！說不定隨著沿線地價上漲，在地印象也會煥然一新!?

綜上所述，即便同位於橫濱、神奈川，不同電車路線上的氛圍也會隨之一變……如果能大致掌握各線的特色，一定能加深與在地居民間的感情。

以前東急東橫線只於澀谷～櫻木町之間運行（目前已廢止）。
2004年與港未來線
2013年與東武東上線、西武池袋線、西武有樂町線東京地下鐵副都心線
東武東上線
東急東橫線
港未來線
開始互通營運一口氣縮短了埼玉與橫濱之間的距離
但，也產生了弊害…!?
目前由於東武東上線的鐵軌內有人員誤闖電車將延遲發車
又來！
煩躁
明明跟東橫線無關的說！
煩躁
無法接受！
煩躁
之前都不會這樣的…
煩躁
以前就算從橫濱上車醉得不省人事…
下一站終點站澀谷——
驚醒
糟了！坐過頭了啊…
唉，算了～反正再坐回頭就好
22點22分，橫濱發車。無止盡延伸的鐵軌沒有盡頭——
森林公園——
終點站到了
寂～靜
驚醒!!
慘啦…!!
已經沒車回家了…

潛規則3

乘上「紅色電車」飛速前進♪

Yokohama Rules

「穿著一雙～紅色的鞋子～♪」這句歌詞，正是出自家戶喻曉的橫濱童謠。不論是穿梭於街道的觀光巴士「紅鞋」或山下公園「穿著紅鞋的女孩銅像」，都是不容錯過的景點。

若是聽到「乘上紅色電車飛速前進♪」，對某些在地人來說應該也不難領會。沒錯，這便是以紅色車體為特徵的京濱急行電鐵(京急)的廣告歌歌詞，請來了搖滾樂團「QURULI」演唱。由於主唱岸田繁是個超級鐵道迷，才因此委託他負責作詞與作曲。其實京急鐵路也是出了名的擁有許多與岸田同樣是鐵道迷的粉絲。要問理由是什麼？當然是那股近乎貪婪地追求電車「極致」的慾望！

首先追求的便是速度。京急電車的最高速度可達一百二十公里，在TSUKUBA EXPRESS問世之前，京急電車可是關東民營鐵路中第一名的韋馱天[3]。除了在品川—橫濱路段跟平行奔馳的JR電車展開一場速度的拉鋸戰，如同歌詞裡多次提到的「飛速前進」，若搭上快速特急電車，真的就像用飛的一樣抵達羽田機場或是品川。但如果搭上各站停車的「普通」電車，有很高機率會撞見許多賽馬報紙不離手的大叔(鐵路沿線設有多處公家競馬場，所以這條路線又名為「賭博線」)……不不，別這麼說，人不可貌相啦。

第二項特徵則是耐久性。這條路線在關東大型民營鐵道之中是事故最少的一條(二〇一二年僅八件)，也很少「暫停行駛」。「東日本人地震之後最早復駛的路線」、「就算發生跌落事故，只花幾分鐘就能恢復行駛」等等，各種最強的傳說圍繞著這條路線廣為流傳。

當其他路線停擺時作為唯一依靠的京急鐵路，能夠快速排除障礙的功臣便在於「人力」。當問題發生時，技術人員會以「恢復行駛」為最高原則，隨時根據狀況調整時刻表，而不是單單依靠電腦系統，可謂真正的職業精神！反倒是在昔日發生土石流時曾廣播表示「這次真的無法復駛了」這件事，為京急締造了另類的傳說。

與其印象不符（!?）的是，除了賭博設施，沿線上還有貴婦高級食品超市「元町UNION」、遊艇度假設施「葉山MARINA」、以及位於上大岡唯一的「京急百貨」。另外像是初詣時人氣穩坐前三名的川崎大師也是沿途的人氣景點之一。

此外，經過從橫濱往副都心．上大岡一帶的高樓大廈區後，會進入彷彿山中列車才有的連續隧道。一路上除了海，有時還能看到富士山……如此多變的車窗美景好似出門旅行一樣！不過，若是人潮洶湧的通勤時段應該就沒這種閒情吧。

順帶一提，從二〇一四年開始的「京急Yellow Happy Train」，即「黃色電車」也正式上路。由於看到搬運資材專用的黃色貨車就能「變得幸福」的都市傳說一時蔚為話題，才因此有了載客用的黃色電車。對此雖然也有人覺得「京急就是要紅色的」，但想要抓住幸福的朋友們不妨試著「乘上黃色電車飛速前進♪」吧？

京急日常　其一
雖然叫做
「快特」、「特急」
卻都不需要特急車票
好棒～
是海耶！！
京急2100型是
側對窗戶的橫向座位
好似旅行般的氣氛！
其二
於品川～橫濱路段與
JR展開速度戰
轟隆隆隆隆
衝啊！快點超越
到JR前頭！
等等
這樣很丟臉
耶！
快住手！
其三
竟然有穿越寺廟境內
不可思議的平交道……
参道
参道
俗稱「踏切寺」遍照院。
鐵路直接橫向切過參道
將其一分為二！
※踏切即日文中的平交道
坐滿～～滿
其四
早晨有許多往三
浦方向的釣魚客
（或是攤販）！
源源不絕的
在地感！
這就是備受喜愛的
紅色電車

潛規則4

國高中女生乘客數日本第一的石川町站

Yokohama Rules

敬告橫濱初學者的諸位男性們。若在早晚上下學時段一時大意接近這裡，肯定會讓人覺得有點尷尬……那就是JR根岸線的石川町站（在東京・埼玉一帶常把連接大宮—大船的路線稱為京濱東北線，但橫濱之子習慣把橫濱—大船之間的路線以其正式名稱「根岸線」來稱呼）。

實際上，鄰近此站的山手地區被譽為「女校銀座」，區內分佈著FERRIS女學院、橫濱共立學園、橫濱雙葉、橫濱女學院。早晚的通學時間車站幾乎被女子軍團佔據，連站長也是橫濱轄區內首次採用女性任職，光聽到這裡的別名「少女站」，就讓男性們難以接近……然而也時有耳聞曾有國高中男生算準了女孩們的下課時間，「刻意在石川町站下車，欣賞眾多女高中生聚集的美景」的這般酸甜回憶……

值得注意的是，若是往車站另一側的北口出去左轉，周遭氣氛又會變得截然不同。有壽町、扇町、不老町、長者町，再往伊勢佐木町方向前進的話，還有福富町、日出町、黃金町……都是些很吉利的名字哪！但根據中區的官網，與好似能招來福氣這些町名相反，這裡許多的紛雜亂象讓少女們難以接近。

不過這些市街的風貌也不斷在改變，像是因街道淨化活動而轉生為「藝術之街」的黃金町，以及化身異國小鎮的福富町等等。包含這些變化在內，不論是掩嘴輕笑的少女們的樂園或是帶點情趣的夜晚街道，只靠雙腳晃一圈就能體驗到各種風情正是這裡獨有的特色。

潛規則5

一般道路交通量日本第一的「保土谷外環道」

Yokohama Rules

又是個日本第一！話雖如此，這次不是那麼愉快的話題了……平日白天十二個小時的車流量高達十萬四千八百四十六台！這就是一般道路之中交通量堪稱日本第一的保土谷外環道（根據日本國土交通省二〇一〇年道路交通情勢調查）。

光看電車的JR橫須賀線、東海道線、東急田園都市線就已經是全國屬一屬二的擁擠，沒想到連一般道路也不認輸!?甚至在高速公路排名中，東名高速公路的橫濱町田聯絡道－海老名系統交流道之間的車流量為八萬四千一百一十台，海老名系統交流道－厚木聯絡道間為八萬三千四百零三台，分別是全國第二名與第四名。根本是個名副其實的塞車王國嘛！

交通如此混亂的理由之一便是地點。這裡位處首都圈一隅，除了是企業的物流據點，也有如箱根、小田原、丹澤等知名觀光勝地。自他縣進入的車輛也很多，像在鎌倉除了新年參拜客大量湧進鶴岡八幡宮的年末年初時期以外，連週末與例假日也會實施交通管制。夏天則會因為前往湘南的遊客（包含飆車族）導致國道一號大塞車，變成此地每逢夏天必見的光景。

其實在神奈川縣西部與中部、湘南地區本身開車族就不少，讓一些在地人表示「每到觀光季節就很憂鬱」。只能期待首都圈中央聯絡道路的啟用與車道增設能減緩國道一號與一三四號的塞車情況以及通往湘南地區的交通。這大概也是身處「人氣觀光景點＝生活圈」的人才懂的煩惱……

潛規則6

小心路線與站名中潛藏的陷阱！

Yokohama Rules

這裡再跟各位提醒一點關於搭乘電車移動時的注意事項，那就是到處常有容易搞混的站名與路線。要是約見面的時候搞錯地方，馬上就會被識破是個菜鳥，因此務必謹記在心。

特別要注意的地區便是縣中央一帶。假使聽到在地人說「去厚木喝一杯吧」，該前往的車站不是厚木站，而是本厚木站。從單日載客量來看，位於住宅區的厚木站就算將JR線與小田急線乘客數相加，最多也不過三萬人次，反之蓋有車站大樓的本厚木站光是小田急線就有十五萬人次，兩者相差近五倍。此外設有厚木站的並非厚木市，而是海老名市。果如其名，其實本厚木站才是「真正的厚木[4]」!?

如此這般，來自厚木的樂團「生物股長」曾舉辦露天現場演唱會的位置是在本厚木My-lord大樓前，在此發跡的超級明星小泉今日子的歌曲「厚木」裡的提到的厚木基地也不在厚木市，而是位於大和市與綾瀨市之間。順帶一提，TUBE的隊長前田亘輝也是來自厚木，其他成員則來自座間、町田與縣中央地區（町田應該算東京吧……）。雖然一般TUBE被認為與南方之星一樣散發著湘南氣息，實際上卻是內陸系的樂團才對。

此外，厚木市的吉祥物結合了當地平價美食「烤豬大腸」與自古以來盛產的香魚，名為「Ayukoro-Chan」。豬肉和魚還真是意料之外的組合……雖是如此讓人摸不著頭緒的厚木市，**Ayukoro-Chan**在全國吉祥物選拔賽中可是時常入圍前十名的人氣明星，真了不起！

就算離開了謎團般(!?)的厚木也絕不可鬆懈。相模原站在JR線與小田急線都有，但兩站的位置可是天差地別！更惱人的是，設有相模原站的是JR橫濱線而不是JR相模線。而且相模線與民營的相模鐵道(相鐵線)是兩回事，更與京王線的相模原線毫無瓜葛。不僅外地人搞不清楚，就連住在橫濱市中心(且對其他區域沒興趣)的橫濱之子也常被搞得一頭霧水。

甚者，穿梭於沿岸京濱工業區的鶴見線還有「一般人無法出站」的可怕(!?)車站——海芝浦站。由於出站後會通到東芝京濱事務所內，原則上是禁止非社員的人進入，只有旁邊的海芝公園才可讓一般人隨意進入。此處雖然可以一覽東京灣全景，同時也是眺望夜景的祕密景點，但白天的班次非常少，末班車的時間也很早。這條路線無疑是支撐京濱工業區以及日本製造業的重要路線(參見潛規則32)，但可得千萬小心別因沒車可搭而被丟下啦。

除了時尚的一面，卻同時也是個擁有謎團般黑暗面的港都……非也，厚木可不是港都，橫濱市內其實也有許多不鄰海的區域。只要事先認清這裡意外地是個「山縣」的事實，肯定能夠更加理解這塊土地。

Yokohama Rules

交通篇

購物篇

食物篇

街道篇

詞彙．人際關係篇

生活百匯篇

潛規則7

關鍵時刻的禮品一定要用「玫瑰的包裝紙」！

源自大阪但與附近的市營地下鐵高島町站毫無關係（據說站名是源自高島易斷[5]的始祖及橫濱企業家的高島嘉右衛門），卻在此地擁有超強支持率的百貨正是橫濱高島屋。配合相模鐵道的「橫濱之子就要在橫濱購物」理念，作為橫濱車站西口開發的主力項目於一九五九年開幕，在遍及全國的高島屋分店中以銷售業績第一名的成績成為實質上的旗艦店，而且就算相較於他家百貨，也絕對是名列前茅的優等生。

其擁護者多數來自住在橫濱較高級地區（參見潛規則27）的貴婦們，也有很多外商的老客戶祖孫三代皆是高島屋的死忠顧客。因此若要送禮給這些家世正統的橫濱之子，就一定要使用高島屋特有的玫瑰包裝紙，而不是名牌的包裝紙。此外，與高島屋之間有資本關係的相鐵所經營的超市「相鐵ROSEN」的「ROSEN」，在德語中正是玫瑰之意，就連「橫濱市花」也是玫瑰。一切皆源自一八五九年開港不久後玫瑰從橫濱港登陸日本以來，這裡便成了「玫瑰發源地」。嗯，還真是強打玫瑰啊……

同樣位於西口的「橫濱MORE'S」則來自川崎。一八九〇年從當舖起家，一九六八年於現今橫濱站西口創立橫濱岡田屋。隨後於一九八二年改裝後以橫濱岡田屋MORE'S開張，當時的宣傳口號「東京、鄉下俗，大阪、土包子」雖是出自知名文案寫手仲畑貴志之手，但這般不經意地貶低日本兩大都市的幽默感，該說是很有橫濱的風格，還是其實是川崎風格!?

另一方面，橫濱SOGO位於八〇年代發展有成的東口，儘管業績自開幕以來都屈居在高島屋之後，卻也因為「賣場寬廣、挑高的天花板很有開放感」、「時常更換商家品牌，獨一無二的購物便利性」這些優點，而得到比高島屋略為年輕的仕女族群支持。

其實SOGO曾於地下一樓設立神奈川在地電視台（tvk）的衛星攝影棚（MM21攝影棚）。在八〇～九〇年代曾公開現場直播在當時風格前衛的音樂節目「Music Tomato」（參見潛規則47），與在地的關係相當密切。掛在入口的機關時鐘也是知名的碰面地點，二〇〇八年鐘裡的人偶停用時，也讓不少從孩提時代看著它長大的粉絲們感到惋惜……此外位於SOGO後面的高島、平沼一帶在近年也以「裏橫濱」之名備受注目。相較於西口這裡雖然略顯平庸，但受在地人喜愛的人氣店也正逐漸增加。

當地人也分成西口（高島屋）派與東口（SOGO）派，而且不會輕易變心。是因為來來去去很麻煩？非也非也，這應該是橫濱之子儘管有接納新事物的肚量，但同時也很看重自我堅持的一貫作風吧⁉若來到充滿庶民氣息的地下街這類繁雜地區，則能體驗到與港未來一帶不同，有著另一種「橫濱風情」的購物天堂。

※「對玫瑰的堅持」與「覺得從東口走到西口很麻煩」，
兩者同時都是橫濱之子的特質 !?

潛規則8

以為有鄰堂是全國性商店

Yokohama Rules

「時常造訪位於馬車道的文具店有鄰Favori」，是有一定年紀以上的橫濱之子的共同回憶，而說起備有各式各樣文庫本書套的時髦在地書店，便是有鄰堂。許多當地居民甚至以為「有鄰堂不是遍布全國的連鎖書店嗎!?」，可見其在此地紮根之深。

明治時代，第四有鄰堂於伊勢佐木町開幕後，大正九年併購第一有鄰堂等店（過去有很多間店鋪名稱帶有數字，目前只剩藤棚町還有第七有鄰堂）。撐過戰後佔領軍管收時期，如今已成為足以代表橫濱的老牌企業。

在伊勢佐木町同樣具有老店地位的是不二家餐廳。一九一〇年，繼位於元町的西式甜點店後，請來了身為前帝國飯店的設計監督人而訪日的建築家安東尼雷蒙（Antonin Raymond）替位在伊勢佐木町與銀座的餐廳打造新裝潢，那時地下一樓不但有啤酒吧，三樓甚至設有中式料理餐廳！格調真高啊～。

另一方面身為高質感超市的先驅，擁有超過百年歷史的便是來自逗子的Suzukiya。以少見的進口食品與雜貨打出名號之餘，如今也網羅來自各地的精選高級食品，而以SAZBY、Afternoon Tea等品牌聞名的「Sazaby League」，其實也是由創立「Suzukiya」的逗子名門．鈴木家為創始人，連Sazaby League旗下的星巴克日本法人初代社長也是系出同門。果然不能小看深植在這塊土地上的時尚&上流DNA啊！

潛規則9

提到橫濱松坂屋就想到「柚子」&「瑪麗小姐」

Yokohama Rules

一如一〇一頁的介紹，從橫濱「發祥的物品」數量好比天上的星星。例如帶動日本人開始吃牛肉的牛鍋，如今也還能在曾被稱為「橫濱的銀座」的伊勢佐木町看到創立於明治時代的牛鍋專門店「太田Nawanorenn」、「Janomeya」與「荒井屋」。而另一個過去讓人感受到歷史的象徵性地標，就是已經消逝的橫濱松坂屋。其前身乃是被譽為日本百貨公司先驅的野澤屋，由於創始人來自生絲與養蠶業興盛的群馬縣，所以野澤屋一開始是作為和服店經營。這也是因輸出生絲而繁榮的港口小鎮特有的歷史淵源。

於是時代更迭……橫濱松坂屋對年輕的橫濱之子來說，變成日本樂團柚子曾舉辦街頭表演的場地。成員之一的岩澤厚治於出身地的磯子站前，以個人街頭演出的方式起步，轉移陣地至伊勢佐木町後，在友人北川悠仁的加入下才誕生了樂團。他們不僅是磯子區民的驕傲，出道當時兩人所穿的來自母校市立岡村國中的運動衣，還傳出曾飆漲至二～三萬日圓的天價。最後一場街頭演唱甚至吸引了七千名以上的柚子迷到場！沒錯，這裡可說是自街頭誕生出明星的發源地。

此外，伊勢佐木町還有矢澤永吉（也曾居於弘明寺）尚未成名前駐演的舞廳，以及早期從美國大兵到愚連隊[6]都會來此作客的傳說中的居酒屋・根岸家。若是有一定年紀以上的在地人，則一定對伊勢佐木町附近常見的身影不陌生，那就是曾以進駐軍為對象賣春的瑪麗小姐。

瑪麗小姐常出沒於前面提到的根岸家、橫濱松坂屋與現已休業的森永Love連鎖漢堡店。如藝妓般的白色妝容、蕾絲禮服、白色洋傘與扇子等搶眼的外型雖然也使許多傳說不脛而走，然而若是去欣賞『橫濱瑪麗』這部講述她人生的電影，其中便有許多像是擺有瑪麗小姐專用咖啡杯的咖啡館「相生」(也是冰淇淋的始祖店。已於二〇一五年二月歇業)、化粧品店的柳屋以及洗衣店「白新舍」等默默支持著瑪麗小姐的店家登場。「瑪麗小姐一來，就像是大明星蒞臨一樣」，甚至在橫濱男性之間還有「能被瑪麗小姐搭話是件非常光榮的事！」一說。

這般願意適度包容在某種程度上算是「特殊份子」的開闊心胸，應該正是至今為止接納了無數外國人與外來客的這塊土地特有的寬容情懷。這不僅是觀光指南沒介紹到的「The・橫濱」風格的小故事，也是述說戰後橫濱的歷史時不可或缺的素材。

橫濱的傳說

橫濱的瑪麗小姐

戰爭結束沒多久
從橫須賀水溝蓋商店街
↓
轉往伊勢佐木町
即便年事已高
仍以流鶯的身分
佇立於街上

全身白色裝束
臉也會塗白

討厭人群與束縛
自尊心很強
孤高的女性

專門服務美軍將校級的客人，
早期因其高雅的姿態
而被尊稱為「皇后陛下」

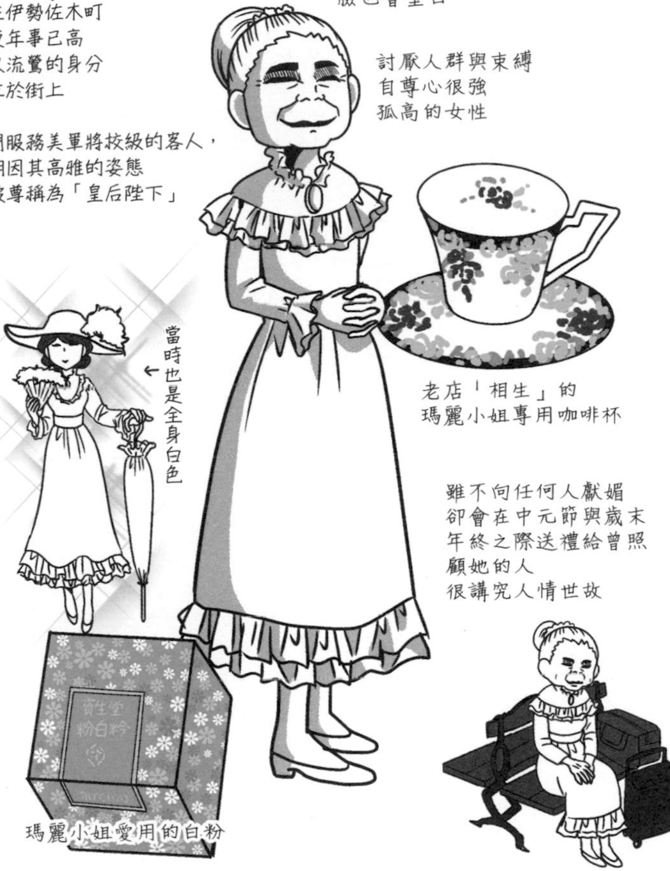

老店「相生」的
瑪麗小姐專用咖啡杯

←當時也是全身白色

雖不向任何人獻媚
卻會在中元節與歲末
年終之際送禮給曾照
顧她的人
很講究人情世故

瑪麗小姐愛用的白粉

潛規則10

辣妹的巢穴＝VIVRE、老一輩＝Charming Sell

Yokohama Rules

在眾多橫濱購物中心之中，三十幾歲的前辣妹們的共同回憶就是西口的橫濱VIVRE。這裡的地位好比澀谷一〇九，橫濱女孩們在五番街唱完卡拉OK與拍完大頭貼後，再到VIVRE或西口的CIAL購物就是她們的固定行程。雖然之後高中生的約會聖地有往港未來一帶擴張的趨勢，但提到VIVRE，這裡在元旦早晨舉辦的拍賣活動也非常出名！而說起另一個不可不知的知名促銷活動，便是元町的Charming Sell。

促銷時期，喜歡FUKUZO、KITAMURA、MIHAMA等元町名牌的橫濱女士們會蜂擁而至，但因為「元町的客人在八月通常會離開這裡去避暑」，這個活動因此都定在二月與九月舉辦。嗯，這種獨特性也很有元町風格！

原本此地乃是於一八五九年為了興建開港場，幕府下令舊橫濱村的居民移居至此而形成的聚落。由於是「本地住民居住的村落」，在隔年的一八六〇年改稱元（本）村，且從半農半漁的生活轉型，開始經營以山手居留地的外國人為對象的西洋家具店、西服店與麵包店。當年這裡除了是西洋生活文化傳入日本的窗口，連東京的上流人士也慕名前來，追求最前衛的時尚文化。

雖說是因為江戶（幕府）的一時之念才誕生的城市，但能藉由逆向操作讓此地活絡起來的，正是橫濱商人的力量！如此深厚的歷史也使在地人對故鄉的自豪屹立不搖。

潛規則11

有很多活力滿點的商店街！

Yokohama Rules

除了元町之外，這裡充滿老街氣息的商店街也富有活力。比方說位於南區的橫濱橋通商店街，正如「經典的老街」這句口號，拱廊商店街內充滿了由鮮魚、蔬果、熟食、炸物與泡菜等各種文化交織出的氣味……空腹前往的話可是很危險的！超平價衣料百元商店「Hama Mode」這類充滿個性的商店也舉目可見，且這裡也因為由落語[7]家桂歌丸大師擔任名譽顧問而聞名。

有「橫濱的阿美橫丁」之稱的洪福寺松原商店街，其魅力則是來自低廉的價格與氣勢！專賣鮮魚的魚幸以及將紙箱高高地堆在屋頂、具有魄力外觀的外川商店都非常有名，每到年末便有十萬多人從各處湧入。令人不禁感受到這裡過去作為東海道的宿場町[8]繁榮的歷史。

其他還有以整人黑市活動出名的六角橋商店街、以古剎・弘明寺觀音門前町起步的弘明寺商店街（橋上的拱廊很有名）也都充滿活力，不過橫濱市外的商店街也不落人後！被譽為「鎌倉的廚房」的大船商店街也是以破天荒的低價為賣點！不但有很多白天就供應酒食的餐廳，在購物歸途順道小酌一杯，享受一下「很不鎌倉（？）的感覺」也是一種樂趣。而川崎市內鄰近時尚街區武藏小杉的元住吉（MOTOSUMI）則以充滿情調的不來梅&奧茲商店街甚為熱鬧。

在全國的商店街普遍淪落成關門大吉的鐵捲門街之際，老商店街之所以能繼續興盛，原因之一在於銀髮族的返鄉潮。加上能「適度地」與人們接觸，不是很棒嗎！

潛規則12

田園都市線&小田急沿線居民「不去橫濱」!?

Yokohama Rules

身為橫濱市民，卻又「不去橫濱」到底是……？其實這裡所說的橫濱是指橫濱站附近。舉例來說，即便是潛規則7提到的高島屋，居住在田園都市線沿線的貴婦習慣去二子玉川（久居於此的在地人簡稱這裡為FUTAKO而不是NIKOTAMA）的分店，通稱TAMATAKA。相對於終點站橫濱的喧囂，FUTAKO周邊沉穩的氛圍似乎更受沿線貴婦們喜愛（順帶一提，港南台也有高島屋）？

此外她們之所以偏好前往東京附近，跟交通也有很大的關係。

若從連接田園都市線與橫濱核心地帶的市營地下鐵Blue Line起點・薊野站前往橫濱站大約需要近三十分鐘，然而搭急行電車到澀谷卻只需要二十分，而且沿線的青葉區內前往東京通勤、通學的人口比例約占百分之四十二，為縣內最高（國勢調查 二〇一〇年）。或許是受到這層影響，「田園都市線居民都以澀谷為目的地」也成了人們默認的共通點。加上像是多摩廣場（TAMAPURA）站周邊也有很多時尚購物中心，只要來這裡就足夠滿足一切的需要了。話說回來，由於當初東急將TAMAPURA視為核心車站，因此希望市營地下鐵能與該站接軌，但最後卻是選在了薊野站。二〇〇二年之前，急行電車不停靠薊野的理由貌似呼之欲出!?這般帶點火藥味的典故也在人們之間口耳相傳。

同樣對小田急沿線以及住在縣中心的居民來說，東京的町田還比橫濱更有親近感。不，跟澀谷不同，說到底他們有沒有理解町田＝東京這點也令人非常懷疑……（詳見八十七頁）

潛規則13

業績全國第一！川崎大型購物中心大戰

Yokohama Rules

各位可知道，堪稱日本購物中心業績全國第一的店舖就在此地？而且不是在橫濱，是在川崎！

那便是位於川崎站西口的「Lazona川崎Plaza」。二〇〇六年於東芝工廠舊址開張，為三井集團經營的購物中心，一開始原本打算命名為「Lalaport川崎」，不過當時的川崎市長表示「希望取一個無可取代的名稱」而改為現名。這不僅改變了川崎給人「東京與橫濱的中間站」與「工業地帶」的刻板印象，從川崎站出來後繼右側的東口，左側的西口也有了新的人潮。

然而東口也因此受到不小的衝擊，在這裡長期受到在地人喜愛的老牌百貨公司「SAIKA屋川崎店」便於二〇一五年五月歇業。一九八七年作為日本第一間複合式電影院誕生，讓電影迷們趨之若鶩，並表示「即使買東西會去東京，電影也要來川崎看」的「Cinecitta'」電影院（位於La Cittadella內），似乎也難敵**Lazona**的威力而陷入苦戰!?

不過，每年十月引起話題的「KAWASAKI Halloween」，其背後炒熱氣氛的功臣正是「**La Cittadella**」以及在地的商店街。「川崎Azalea」地下街也預計從二〇一五年開始整修，作好抗戰的準備。東口加油啊～！

此外，與川崎一樣改變了從前的印象，購物中心大戰也同樣如火如荼地在武藏小杉站（MUSAKO）周邊展開。從二〇〇五年開始不斷重新開發企業工廠遺址，如今超過一百公尺的摩天大樓已如雨後春筍般急速增加。二〇一四年九月發表的基準地價平均變動率之中，其上昇率已來到全國第二！由於進出東京便利，許多三〇～四〇歲的高收入家庭逐漸入住此地。

為了不讓住在高級地段薊野的「薊野貴婦」獨領風騷，誕生了用來統稱住在這裡的三〇～四〇歲已婚女性的名詞「MUSAKO妻」……姑且先不論命名的品味，以消費力極高的MUSAKO妻為目標客群，除了與車站連接的武藏小杉東急廣場、三井購物公園 LaLa Terrace 武藏小杉等店家進駐，二〇一四年十一月Seven & i控股旗下的Grand Tree武藏小杉也一併參戰。

看準育兒家庭的店家也不少，Grand Tree不只設有適合親子的「Tully's Coffee kids commu」，甚至有能順便學英文的兒童健身房以及托兒所「Global Kids武藏小杉園」……與車站後方散發昭和氣息的居酒屋街所形成的強烈對比也是別有一番風味！

另一方面，位於橫濱市內平均年齡最低的都筑區的中心北．南站兩站周邊也是購物中心的激戰區。同區內的Lalaport橫濱則是受到家族顧客的支持。

其實神奈川縣一個月的平均消費支出（兩人以上為一戶的生活支出）為全國第一，消費意願十分高昂（總務省統計局 二〇一一年）……也因此這裡總是成為商業設施極力關注的地區！

Yokohama Rules

交通篇

購物篇

食物篇

街道篇

詞彙.人際關係篇

生活百匯篇

潛規則14

「Shiumai」就是「美味！」

這裡（橫濱）的燒賣全年消費金額為二千六百七十二日圓（總務省統計局．家計調查二〇一一～二〇一三年平均），遠遠是全國平均九百八十七日圓的二．五倍之多，堪稱全國第一！其中佔大部分消費的恐怕不是燒賣（Shumai），而是「Shiumai」……如果聽不懂意思的肯定是外行人！這裡所說的其實是在當地擁有不敗人氣的老店「崎陽軒」的「Shiumai」（其名稱應該是初代社長獨特的口音所導致，且Shiumai音近燒賣發源地．中國使用的發音）。

除了當地人「賞花與鎮上活動時必備」、「適合當作伴手禮」、「超乎美味的心靈食物」、「媽媽不想煮菜時就會出現在餐桌上」等各種意見，受歡迎的最大祕密則是同時作為宣傳口號的「冷了也好吃」。

不對，倒不如說是「冷的反而好吃」才對!?這難道正是平價美食漫畫『孤獨的美食家』中介紹過的一種利用拉繩就能加熱菜色的「Jet box」便當（結果在新幹線上車廂裡充滿了燒賣味，讓主角很尷尬……）消失的原因!?

崎陽軒於明治四十一年（西元一九〇八年）創業，在初代橫濱車站（參見潛規則1）內銷售飲料、食品與雜貨，以類似現今的**Kiosk**站內商店起家，但卻在鐵路便當的銷售上遇到瓶頸。這也難怪，因為東海道本線下行列車的乘客通常會在首發的東京站買好便當，而上行列車從橫濱站到東京站間隔也只有四十分鐘左右，實在不是個適合販賣鐵路便當的地點。

為了突破這般困境，初代社長使出的絕招便是開發「橫濱名產」，將目光著眼於橫濱中華街的點心「燒賣」。找來中華街的點心師傅歷經約一整年的多方嘗試後，總算開發出混合豬肉與干貝內餡的「冷掉也好吃」的Shiumai。甚至為了方便在搖晃的車廂內食用，將本體體積縮小；此外在販售方式上也添加巧思，穿著紅衣在月台上從車窗將燒賣遞給乘客的「燒賣女孩」至此登場。慢慢地「燒賣女孩在橫濱」逐漸傳為佳評，讓Shiumai成功獲得全國知名的橫濱名產寶座。

昭和二十九年（西元一九五四年）誕生的「Shiumai便當」也投入了許多工夫。白米以蒸氣炊熟，加上使用通氣性佳的木片製成容器與蓋子，完美重現「冷了也好吃」的白飯。雖然「白飯硬到免洗筷都會折斷！」的意見時有耳聞，但就是因為炊煮方法的不同「所以才美味！」（by在地人）。畫龍點睛的入味筍子與配菜的杏子也讓它得到「鐵路便當中CP值極高」的評價，成為出差之際的良伴。

雖然「橫濱才有的心靈食物」意外的不多，但能透過巧思結合中國的滋味與日本特有的飲食文化做成鐵路便當還大受歡迎，大概也是港都DNA才能催生的產物吧。也因此每戶人家的廚房角落都至少會有一個的Shiumai用「Hyouchan」醬油罐……這正是橫濱．神奈川的日常風景。

崎陽軒 shiumai 隨附的 陶瓷製醬油罐「Hyouchan」
是由《Fukuchan》的作者 漫畫家橫山隆一先生 繪製與命名。共48種表情。
除此之外 還有插畫家原田治先生與 柳原良平先生製作的 Hyouchan
為了紀念 2015年1月8日 Hyouchan 誕生六十週年 特別推出披著紅色背心的「還曆紀念 Hyouchan」（共56種※）
60th
崎陽軒的 Shiumai 果然好吃啊！
便當白飯的軟硬度也恰到好處～
話說回來……
以前去勇司的房間玩的時候 在窗邊——
一整排
哇！
這些都是怎麼回事啊!?
捨、捨不得丟掉嘛
因為太可愛了…

※紅色（大小各14種）、金色（大小各14種）
※※順道一提，Shiumai 便當是沒有附「Hyouchan」的，請留意！

潛規則15

被問起在地（橫濱）的經典伴手禮時會感到困惑……

Yokohama Rules

說到名產，仙台就會想到竹葉魚板或是「萩之月」，廣島就想到「紅葉饅頭」，群馬的話就想到HARADA的法國麵包脆餅。全國各地幾乎都有「猶豫的時候就買○○」這種經典．Of．名產的規則，唯獨橫濱．神奈川不受此限……各地區都展現「我選這個」、「我喜歡附近那家店的○○」這般我行我素的路線。

若硬要選出最具代表性的，一定年齡以上的人肯定會提到廣告也很常見的「有明(橫濱)港口」。一九九九年雖曾面臨破產危機，多虧在地企業的支持與前員工們的熱情而復活，由愛船聞名的柳原良平繪製的復古包裝也十分吸睛。

其他的經典伴手禮還有潛規則14介紹的崎陽軒Shiumai。「一次多買點真空包包裝再分送」、「還是古早味燒賣好吃！」，這部分意見還是相當分歧……老牌甜品店則會推薦橫濱Kaori的「葡萄乾夾心餅」、馬車道十番館的西式餅乾(可能會在檸檬、花生、巧克力三種口味間舉棋不定)、霧笛樓的「橫濱煉瓦」或是喜久家西式甜點店的「萊姆巧克力球」。鎌倉知名店鋪豐島屋的「鴿子餅乾」知名度很高，但若是強調湘南的話，「吻仔魚仙貝」也很受歡迎。小田原則以魚板聞名，而且據傳這裡也是「外郎糕」的發源地。此外扯到中華街的話更有中式甜點跟點心組(首推華正樓)可挑，選擇之多早已超越國籍的限制了……

那麼在這裡下個結論。橫濱的名產規則就是沒有規則！

潛規則16

漢堡排就選「Hungry Tiger」&
咖哩飯就吃「RIO」！

Yokohama Rules

向橫濱有點年紀的居民問起「漢堡排要吃哪家？」，答案多半是「Hungry Tiger」（而且一定會接一句「以前分店可是很多的說」）。西元一九六九年，仿效美國郊外型的餐廳並於保土谷地區設立了一號店，繼在神奈川電視台（tvk）播放大量廣告、店面擴展至三十幾家之多以後，卻因O-157與BSE問題[9]逐漸縮小規模。好在靠著忠實粉絲的支持得以復活，目前市內共有八家門市。

主力菜色為使用百分之百牛肉的「原創漢堡排」，但最吸引人的是那充滿臨場感的上菜方式。店員在客人面前將滋滋作響的鐵板上的漢堡排一切為二，一邊淋上醬汁，一邊完成上菜……此時客人絕不能忘記的事情就是用紙巾保護自己免於被大量飛濺的油脂、肉汁與醬汁弄髒衣服。

其他區域也有風格類似的漢堡排店，例如靜岡「碳燒餐廳Sawayaka」的「拳骨漢堡排」，北關東「Flying Garden」的「炸彈漢堡排（簡稱炸彈或炸漢）」等等，但Hungry Tiger可說是這種風格的鼻祖，就連油脂飛濺的激烈度也引以為傲，毫不遜色!?如此這般，來此用餐時的樂趣之一便是多留心腳步，免得在因為飛濺的油脂而變得又滑又黏的地板上滑一跤了。

除此之外，由於在歷史上也接納過許多外來事物，老牌西式餐廳林立也是橫濱的特色。同樣的說到漢堡排，就屬野毛的「洋食Kimura」。特徵是在貝殼型鐵板上將生蛋、多蜜醬同漢堡排一起裝盤上桌。拿坡里義大利麵（使用生鮮蕃茄）的元祖以橫濱老牌飯店New Grand最為出名，但是拿坡里迷心中的正統派．蕃茄醬口味的始祖則是野毛的老店「Center Grill」。其實這裡的初代老闆是New Grand初代主廚的徒弟，佯裝是庶民派但口味正統的風格也很有這塊土地的作風。順帶一提，橫濱市除了是蕃茄醬的發源地（新子安），義大利麵消費金額及數量分別位居全國第三與第二（總務省家計調查），乃義大利麵消費的一大市場。

說到其他與New Grand飯店有淵源的店家，還有由同飯店前行政主廚經營，位於石川町的「洋食的美松」。除了附近FERRIS女學院的畢業校友大江麻理子主播最愛的蛋包飯，這間餐廳也提供各式復古正統的西式菜色。此外，說到老店，在豬排專賣店勝烈庵能夠嚐到過去文明開化的滋味，也是許多在地人的首選。

另一方面「高中時代受到很多照顧」、「發薪日前的救世主」的庶民派代表便是「咖哩屋RIO」。二〇一四年五月在相鐵JOINUS店決定暫停營業之際，不捨的粉絲們紛紛前來一同迎接了感動的最後時光！然後過了不久，門市又重新開張了。咦？

儘管整體變得比以前簡樸，但是在一個盤子內裝一半拿坡里義大利麵、一半咖哩飯的獨創「半義大利麵」依然健在。這正是「橫濱的媽媽味咖哩」!?雖然伊勢佐木町的「橫濱咖哩博物館」已經消失，「RIO」可千萬不能跟著消失喔！

※「Baka」＝靜岡腔的「非常」之意。此外，這裡說的不是平價雜貨連鎖店的「唐吉軻德」，而是長野的漢堡排店。

潛規則17

麵包&甜點王國

Yokohama Rules

在此地以超過一百二十年的歷史自豪，老牌中的老牌麵包店就屬元町的「打木(Uchiki)麵包」莫屬。不為什麼，因為這裡正是吐司麵包的創始店！始於打木彥太郎從英國人經營的「YOKOHAMA Bakery」出師後繼承店面的招牌，由啤酒花酵母製作的招牌商品英式吐司麵包「England」至今仍保有創業當時的味道。專程遠道而來購買的人也不少，受歡迎程度可見一斑。

其實也有一說認為橫濱便是日本製作麵包的發源地。或許是受到如此多采多姿的歷史影響，這裡存在著許多好吃的麵包店。

現今向全國發展的「Pompadour」也是從元町發跡，同區內位於代官坂上的「Bluff Bakery」則是鄰近的上流人士會特地開車(多為進口車)前來的人氣店。其他還有青葉區的Backerei德多朗、Moa石窯館、穗之香、Prologue以及新橫濱的「Champs de Ble」與葉山的「Ble Dore」等等。還有使用在地湘南小麥製作，率先推出當地生產當地消費(地產地消)的概念，但已不復存在的傳說名店「Boulangerie Benoiton」(伊勢原)、承前者正統的「Moulus a la Meule」(伊勢原)以及「箱根麥神」(箱根)在麵包愛好者之間也都非常有名。

恰如這塊土地時髦的印象，各地區也有許多實力派的甜點店。就甜點類的支出金額來看，橫濱位居全國第五，而與甜點非常合拍的紅茶支出金額跟數量也僅次於神戶，堂堂登上全國第二名（總務省家計調查）！

在甜點激戰區之中，聞名世界的「Sweets Garden YUUJI AJIKI」（都筑區北山田）乃是由在比利時甜點大賽首次獲得冠軍的日本人安食雄二於二〇一〇年創立，人氣商品總是馬上銷售一空！其他還有「Avril de Bergue」（多摩廣場）、在川崎一開店立刻大排長龍的「LilienBerg」（新百合丘）、葉山的話則有以燒杯布丁聞名的「MARLOWE」（總店位於橫須賀），而且MARLOWE的燒杯還可重覆使用（還給店家的話每個可換二百日圓）。另有與迪士尼合作推出的燒杯等等，收集不同設計的燒杯也是別有一番樂趣。

此外，藝人川島直美的老公，同時也是知名甜點師的鎧塚俊彥，在西元二〇一一年於小田原創立了附設兩千坪農園的「一夜城Yoroizuka Farm」。所謂的一夜城是指豐臣秀吉於征伐小田原之際，在石垣山建造的城堡，這家店便是在其遺址公園內經營起以地產地消為目標的餐廳、法式甜點店與物產直銷店。鎧塚之所以選在小田原開店，據說是被這裡有山有海，以及適合栽植柑橘的自然環境所吸引。先前提到的「Boulangerie Benoiton」的已故創辦人高橋幸夫提出的地產地消計劃正日漸普及，這塊土地的自然潛力果然不同凡響！

雖說目前為止介紹的名店固然不錯，但覺得「蛋糕的還是附近〇〇的最好」，這種抱著「我家附近的最棒」心態的人還是很多……果真是我行我素!?

我是戸塚愛子
目前住在橫濱
這是與老公在交往時
去他家玩的時候發生的事
哇～
這個杯子好特別喲！
居然還有刻度！
上頭的圖案也很奇特～
這是布丁容器
是仿造燒杯製作的唷
MARLOWE的布丁
咦～是這樣啊！
老實說前女友很愛吃MARLOWE的布丁，所以以前常買給她當伴手禮
如果在總店還能一邊眺望相模灣坐在店裡享用…
那個 下次我們兩個人去吧！
哼
是～喔…
哇！
留這麼多要做什麼啊!?
又來？
一整排
總覺得捨不得丟掉嘛…

潛規則18

若有外地客來訪，總之就先帶去中華街

Yokohama Rules

年度遊客數達兩千三百萬人，堪稱全世界中華街中攬客力第一名的橫濱中華街。雖然是個人氣觀光景點，但說到在地人前往的頻率則一如橫濱之子們的習性，每個人不盡相同。附近上班族通常一致認同「巷弄裡店家的平日午餐超划算」，有的人屬於「肉包就選華正樓」、「去慶華飯店必點蝦子餛飩」這種重視經典菜色的類型，有些則是「辦同學會就去同發」、「親戚聚會就到萬珍樓」這般以場合決定。橫濱中華街雖然是「招待外地人」的必去之地，但也有在地人其實對中華街「一概不知」。要是當嚮導的在地人不小心迷了路，請還是用溫暖的眼神守護他們吧！

橫濱中華街最早是由擔任歐美商人口譯而來到日本的中國人在此定居所形成的。作為戰後復興方案之一，以「適合日本人的餐飲街」為目標發展直至今日。二〇〇四年元町·中華街站設立後，觀光客也隨之增加，而在這般背景下市街還依然能保有異國情懷與秩序，則都歸功於當地居民們的努力。不但提出了造街指南「中華街憲章」，為了阻止大樓建設計劃還共同負擔資金，取回土地所有權。讓人能夠感受到華僑們將這裡視為「故鄉」一路守護過來，很有橫濱風格的歷史（參考『為什麼大家都去橫濱中華街』一書）。

除了中華街之外，中式料理激戰區的本牧等地也有很多美味的平價中華料理，只要把握住幾家在地名店的情報，說不定看起來就能像個橫濱通!?

潛規則19

有各自鍾愛的家系拉麵店

Yokohama Rules

偏好濃郁又有飽足感菜色的男性，建議把接下來介紹的店家先記起來。如今名列眾多橫濱發祥美食之一的家系拉麵，名稱則是來由自許多店家的店名都有個「家」字。開山祖師為創業於磯子區新杉田，現位於橫濱站附近的吉村家。除了祖傳的直系之外，包含旁系的話光是橫濱市內的「家系」店鋪就有一百多間！知名店家除了直系的杉田家與環2家，還有壽壽屯家、介一家、壱六家等。從壱六家獨立出來於東京町田創業的町田商店不但回頭搶佔橫濱市場，也成為進軍海外拉麵界的一大勢力。

基本款以豚骨醬油口味為主，特徵是用「雞油」、「三片海苔」（另點白飯，再用海苔捲白飯吃也是主流的吃法）與「菠菜」當配料，麵條的硬度、油量與湯頭濃淡則可自由選擇。不同的麵條與湯頭也造就了各種派別，例如「吉村家在新杉田時代比較好吃（此時的老闆與老闆娘也很常吵架）」、「橫國學生（橫濱國立大學，又稱為國大）就愛吃壽壽屯家！」、「最愛介一家的龍拉麵」、「神大（神奈川大學）附近的拉麵激戰區．六角橋的水準很高」等等，各自都有自己的堅持。順帶一提，位於吉村家附近的河合補習班還流傳著「吃了吉村家的拉麵，（重考生）就能順利考取」的都市傳說。真的假的？

甚者有些店家會提供免費白飯、生大蒜跟榨菜無限取用或是美味的炒飯等拉麵以外的賣點來攬客。然而隨著年齡覺得「濃厚的家系拉麵實在讓人有點招架不住」的情況也逐漸變成一種普遍現象!?這般在意腸胃不適的人則可以考慮改走最近日益升溫的清淡鹽味與醬油口味的神奈川淡麗系路線。

老實說，在上了一定年紀的橫濱之子心中，「家系拉麵明明就是最近才出現的」。真正能說是在地傳統麵食的非「生碼麵」莫屬。

若是反問「有放秋刀魚[10]嗎?」，馬上就會被識破是菜鳥！其真面目乃是以豆芽菜與豬肉等配料勾成濃濃的芡汁淋在上頭的拉麵，分布在除橫濱以外，東京多摩川沿岸到靜岡縣大井川一帶的在地美食。戰前作為廚師的伙食誕生，始祖據傳是出自伊勢佐木町的玉泉亭。不過，根據店面不同生碼麵的配料與味道也不盡相同，即便是傳統在地食物，依然保有橫濱一貫的自由風格正是其特徵。

其他還有像是橫濱湯麵(據說元祖店家為一品香)、代表湘南勢力的「牛奶拉麵」以及在川崎一帶擴張勢力的「擔擔麵」等，種類繁多。橫濱不只是潛規則16曾提到的「義大利麵大市」，其他麵類的支出金額與數量也皆是位居全國首位(總務省統計局調查)！

果然是因為中華系要素比較多的關係？還是只是單純地喜歡吃麵呢？

一定要知道的 家系基本規則

「吉村家」
元祖家系拉麵店
被譽為家系拉麵始祖

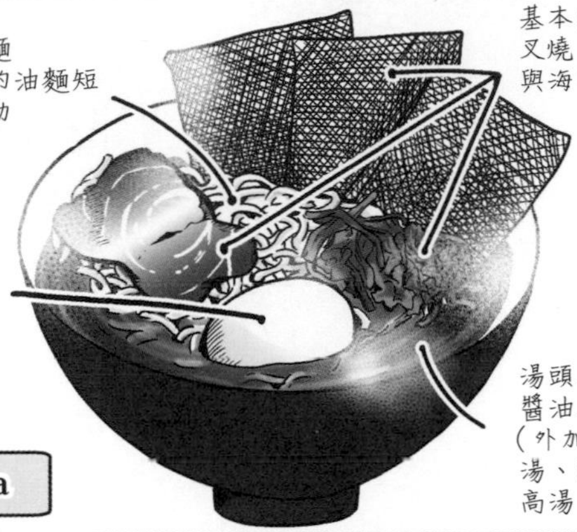
麵條為粗直麵
較其他種類的油麵短
也比較有嚼勁
基本配料為
叉燒、菠菜
與海苔
可追加半熟
蛋等配料
湯頭以豚骨
醬油為基底
（外加上雞骨高
湯、蔬菜及昆布

Kyabecha

高麗菜＋叉燒再以麻油跟醬油拌勻的配菜
源自「六角家」！
香濃度、醬油、雞油之間的平衡超 GOOD ！

除了直系（「吉村家」的直傳店鋪）、引起家系拉麵風潮的「六角家」、「本牧家」以及與直系味道略有不同的「壱系」（以「壱六家」為代表，如右圖的拉麵形式）之外，其他自成一流的家系拉麵也陸續登場！

（參考：*hamarepo.com*）

壱系

使用大量豚骨的
濃郁系乳白色湯頭

特徵是以鵪
鶉蛋當配料

潛規則20

酒鬼比起「那裡（MM）」更愛「這裡（野毛）」

Yokohama Rules

小時候去動物園，學生時代去中央圖書館或音樂廳，長大之後則是往酒館（或是場外馬券場）前進！這般最貼近橫濱之子生活的區域就是從JR櫻木町站到京急日出町站之間的區域「野毛」。尤其這裡擠滿了近六百間的小型餐飲店，可謂是酒鬼天堂！原本這裡是在碼頭工作的人們不醉不歸的硬漢專區，然而最近除了「被上司綁架」來喝酒的上班族以外，以櫻木町站為分界的來選的話，認為「比起『那裡（MM）』，不如來『這裡（野毛）』」的買醉女子也逐漸增加。

這一帶在戰後代替了美軍大幅接管的伊勢佐木町，成為因黑市而繁榮的舊區。改成餐飲街後，也歷經了多次的興衰起伏。雖然曾因三菱重工橫濱製作所的遷出與東橫線櫻木町站的廢止導致來客數銳減，許多店家因此撤離，但在多次的改朝換代下，老店福田炸物（俗稱FF）、有煎餃元祖之稱的萬里以及引領在地酒吧熱潮的大功臣BASIL等新舊勢力如今皆在此和平共存。以在地商店街為中心，將野毛大道藝表演例行化等地方振興活動也如火如荼地展開。

而野毛最大的魅力便是相鄰而坐的陌生客人之間也能馬上熟絡的溫暖之情，連外來客也是「住上三天就變橫濱之子」！至今橫濱車站西口一帶俗稱狸小路且充滿昭和氣息的街道也依然健在，不管是酒鬼還是怕寂寞的人，就算是踏著醉醺醺的腳步，只要能來到「這裡」，首次的橫濱酒館深度訪問就算是合格了！

潛規則21

其實是首屈一指的農業區・橫濱

Yokohama Rules

讀到這裡，許多橫濱初學者心中那份「港口、都會、時尚」的橫濱刻板印象大概已經灰飛煙滅了。但是還有一點希望大家知道的潛規則，正如標題所示。或許各位會對「橫濱有農業？」感到存疑，不過只要踏進郊外就會發現，綿延的群山與豐富的大自然，也是這塊土地另一面的真實。

其實橫濱在歷史上為了抑制過度開發，在打造新市鎮時保留了部分農地。換句話說，橫濱是一處住宅地與農地混合的都市，這種例子在日本全國也極為少見，除了西區之外的各區都還保有農地。不止生產產量全國第一的小松菜，白花椰菜與高麗菜等作物產量也位居全國十名以內（農林水產省調查），蔬菜生產力可說是非常驚人。而且不只產量傲人，這裡也出產像是因為市面上很少見而被稱為「夢幻之梨」的濱水梨等高級水果。價格雖然高貴，但味道卻是掛保證的。

若是放眼全縣，以三浦白蘿蔔聞名的三浦市也是蘿蔔的一大產地（目前主要的作物為青首蘿蔔）。小田原則有關東大三大梅林之一的曾我梅林，生產的梅乾也頗具人氣。特別的還有鹽漬櫻花的一大產地秦野市，市佔率將近全國八成。

說起來這裡原本就是最早栽植外國蔬菜的地方，當初是種來提供給住在居留地的外國人之用，從這般歷史中也不難看出此地盛產高麗菜與白花椰菜的原因。

栽培蔬菜不可或缺的水源除了建有日本第一座多功能水壩的相模湖，還有神奈川最大儲水瓶之稱的宮瀨湖、丹澤湖、津久井湖、道志川等，可說是非常充沛。沒錯，相對於橫濱的「港都」印象，神奈川縣中央與西部地帶則是「水之鄉」，尤其是首都圈規模最大的宮瀨水壩最近也成為許多水壩迷前來朝聖的觀光聖地。

順道一提，橫濱同時也是近代供水系統發源地，當時的源頭則是相模川。明治十八年（西元一八八五年）由英國人技師帕瑪（Henry Spencer Palmer）著手興建橫濱水道系統，並在兩年之後開始供水。而後橫濱水道系統的水除了作為飲用水輸出國外，還以「跨越赤道也不會腐敗的水」揚名國際。

如此這般，橫濱之所以能成為繁榮的出口貿易港口，可說是靠著全縣的貢獻支撐起來的。無論如何也請別忘了神奈川縣全體的力量啊！

Yokohama Rules

交通篇

購物篇

食物篇

街道篇

詞彙．人際關係篇

生活百匯篇

潛規則22

對「故鄉＝神奈川」毫無感覺

如果被問到「請問您覺得自己是神奈川縣人嗎？」，會回答YES的人約僅有百分之六十三，是全國排名倒數第七名——這是根據『現代縣民氣質』（NHK出版）的調查結果，也彰顯了神奈川縣民對故鄉意識的薄弱。

不過，這也沒辦法！由於神奈川縣擁有三個政令指定都市，為全日本數量最多，另外還有一個中核市[11]及五個特例市這類同等規模的都市也不少。加上從六〇～七〇年代開始在各區打造新市鎮，引來了大量外來移民，讓這裡的氣質「難以一言蔽之」。反正無論如何，「神奈川縣民」幾個字就是讓當地人很難有共鳴！

代表性人物就是神奈川縣的老大「橫濱」。來自琦玉一帶的人被問到出生地時，常常「會刻意回答在東京『一帶』」，這類模糊焦點的行為層出不窮，然而若是一臉冷靜卻又略帶得意的表情回答「是橫濱！」的人，絕對就是橫濱之子。一如回答「（不是兵庫）是神戶」的神戶人，故鄉給人的強烈時尚印象對他們來說是無可取代的驕傲。

來到鎌倉的話則與京都相同，這裡有著古都的氛圍同時也是受歡迎的觀光勝地，所以被問到「故鄉在哪？」，標準回答是「鎌倉」。不僅當初源賴朝認為此地易守難攻而於此地設立幕府，再者這裡三面環山，一面臨海，自然資源非常豐富。除了歷史悠久的鶴岡八幡宮以外，隨處可見古老神社寺廟、遺址與老店，同時曾被稱為鎌倉文士的文豪們選為居所，身為

「文化都市」的自負感深植人心。然而舊鎌倉居民心目中的鎌倉，只包含西至極樂寺、稻村崎，北至北鎌倉車站附近的區域。即便同樣位於鎌倉市，北鎌倉以北常被視為是「大船」地區。與橫濱住三天就成橫濱之子完全不同，成為「真正鎌倉人」的難度好像略高許多!?

此外，既是全年溫泉利用人數全國第一的溫泉天國，過去又以宿場町而繁盛的箱根，還有從戰國到明治時代為止繁榮的重要都市小田原，愛鄉情懷也都特別強烈。橫須賀與三浦也各自強推獨特的在地美食「橫須賀海軍咖哩&海軍漢堡」以及「三崎鮪魚」，所以要說傾全縣之力推薦平價美食？沒這個必要啦！

這樣看下來，會說自己是神奈川出身的……恐怕只有住在縣中央的居民吧。說起來神奈川這個縣名乃是源於東海道自古以來繁榮的宿場町，當初美國人希望的開港地並非橫濱(村)，而是神奈川宿。不過在江戶幕府的考量之下才看上了離東海道有段距離的偏鄉「橫濱」……雖然結果對橫濱來說是好的，實際上也留下了一段受江戶任意擺布的歷史。

不僅神奈川這個詞與這等重要的史實有所關聯，如果回頭去看前面的調查，回答「喜歡神奈川縣」的人實際上佔百分之八十八．三，絕對算得上是全國前幾名。雖然嘴上不說自己是神奈川縣民，但這並不代表他們「討厭神奈川」喔。

角色設定：Takashina Shiori

潛規則23

多山、多坡道……

Yokohama Rules

日本最早的自行車出租業也是從橫濱開始的。目前在港未來周邊，以觀光客為主的自行車出租（橫濱自行車）雖然很受歡迎，不過這也是在填海造陸之下誕生的MM才能做的生意。其實，橫濱原是一塊丘陵連綿的地區，平原遠比想像中少。而阻擋在人們面前的，就是那無數的坡道。

比方說，潛規則4提過的山手地區，雖然這裡的坡道有FERRIS坂與乙女坂這類取自附近貴族女子學校的可愛名字，卻是讓沒了戒心的女孩們有變成「蘿蔔腿」風險的敵人!?自FERRIS女子學院大學誕生的在地時尚風格「HAMATORA」必備的「MIHAMA」平底包鞋據說正是配合多坡道的山手地區而入選的配件。

同屬在地名門的橫濱國立大學也躲不了坡道的糾纏。阻擋師生從距離最近的和田町站（但也要徒步二十分鐘左右）往學校前進的和田坂是個非常陡的坡道，這裡的學生把爬坡上學稱為登山、去車站稱為下山，而且每年都會發生因為事前調查不足導致應試學生光爬坡就精疲力盡的悲劇……好不容易考上的學生也常因為爬坡太辛苦而不來學校（＝留級），造成二次「傷害」!?不不，勤勉的學生很多的國大（橫國）應該是不會有這種事的，但無論如何上學還是需要一台電動車代步，女性也嚴禁穿高跟鞋上學。同樣坡道很多的神戶名門．神大（神戶大學，不是神奈川大學）也與這裡有著相同的生態。

那麼橫濱哪裡的坡道最陡呢？根據密切關注橫濱各種資訊的網站「HAMAREPO.COM」調查，前兩名是瀨谷區的天竺坂與港北區正福寺旁邊的坡道！到各地現場調查的記者大大，真是辛苦你們了～。順道一提，橫濱市內的保土谷區便是堂堂以「坂（坡道）之街」作為宣傳賣點。除了因為箱根驛傳[12]而聞名的權太坂，還有因為以前大日本麥酒株式會社用於製酒的清水流經此地而命名的啤酒坂等這類名稱特別的坡道。其他像是坡道也很多的港北區則有一處每次數階梯段數都不一致的「幽靈階梯」（現稱猜拳階梯），在西區另有「磨屁股坂」這種聽起來很痛的坡道（橫須賀也有「磨屁股坂大道」喔！）。

除了生活中常見的坡道，神奈川境內還有許多名山，例如關東百大名山之一的大山（山上有阿夫利神社，作為能量聖地而一口氣提升知名度），以及登山女孩持續增加的丹澤山系，受歡迎的山非常多。而且，將箱根驛傳的人氣推上全國巔峰的超級明星「山之神[13]」，每年也都是從這裡（箱根）誕生的。對了對了，橫須賀甚至還有富士山（三浦富士）喔～神奈川的山真是太棒了！

然而一如歌曲唱出的「箱根之山乃天下之險」，對居民來說其實在生活上有諸多不便!?要住在這裡，就得有與「坡道」共存的覺悟，每天都努力爬山才行！

我是戶塚愛子
這是與老公新婚後
同居前夕發生的事情
愛子，發現
高台有不錯
的房子喔！
但是坡道有點
陡就是了
我們一起去看看吧！
賃貸物件
什麼～高台嗎!?
能看見海的橫濱印象
走吧走吧！
就在這上面
這個坡
是怎樣～～！
超陡坡
而、而且還
看不到海…
氣喘
吁吁
還好嗎？
橫濱這類地方
也很多的

潛規則24

神奈川縣是狗的形狀&町田屬於神奈川!?

Yokohama Rules

形同人類側臉的山形縣、鶴形的群馬縣（當地上毛的花牌也有「形如鶴舞的群馬縣」的和歌）、芋頭形的埼玉縣，以及與當地吉祥物Chiiba君（狗）形狀相同的千葉縣（應該是Chiiba君根據千葉縣的形狀設計出來的才對吧……）等等。

各都道府縣都有「像某種形狀」的說法，那神奈川縣呢？一般認為像「狗的形狀」，但是因為背上又有一塊突起（相模湖附近），所以也有人說像「駱駝？」，以及少數人認為像「銀杏葉」……嗯～有像銀杏葉嗎!?讓「神奈川＝狗」一說得以成立的重要區域就是深入神奈川一角的東京．町田市。對於鄰近的大和市、相模原市、川崎市（靠山側）的居民而言，這裡不僅是接觸鬧區的第一站，有些人甚至一直以為「町田屬於神奈川縣」。貌似在部分神奈川人心中「町田是我們的領土」，單方面認為神奈川才是町田的實質統治者。不但穿梭於町田市內的公車是知名業者神奈中（神奈川中央交通），行經市內的JR電車也是橫濱線。甚至還有叫做「町田相模原Walker」的市區資訊雜誌……

其實町田＝神奈川一說並非毫無歷史根據。實際上町田在明治時代中期以前都隸屬於神奈川，直到一八九三年，包含町田市的多摩郡域等地才被納入東京。

既然這樣，也有人表示「乾脆就讓町田回歸神奈川，這樣縣的形狀也會更完整的說」。不不，要真是如此神奈川縣就不會是狗的形狀了耶……

潛規則25

為了到底哪邊到哪邊算湘南而爭議不斷

Yokohama Rules

「將湯河原到三浦一帶的相模灣沿岸稱為湘南！」

由縣發起，向全世界宣傳神奈川「海」之魅力的「神奈川Sea Project」發表了如此大膽的湘南構想。把鄰接相模灣的區域全部稱為湘南，難道這也算是「來者不拒」的寬大表現!?不對，再怎麼說，這種說法也太過頭了點……

說起「湘南」這個名詞，最有力的說法是一方面取自中國湖南省的觀光勝地，另一方面則是「相模國的南部地區＝相南」。從地域上來看的確也不能說官方的見解有錯，但在當地人心中「廣義上應該是葉山到大磯一帶」、「不對，茅崎、藤澤、鎌倉也算湘南」、「逗子才是湘南，大磯不算」，意見非常紛歧。然而實際上「湘南發源地的石碑」位於大磯，而且從掛著湘南車牌的區域來說，不僅小田原，不面海的秦野、伊勢原與箱根一帶都算是湘南才對。

嗯～搞不懂。

話說回來，湘南雖然多是令人憧憬的印象，其實也有「討厭一說來自湘南就被以為是衝浪客」、「人們常覺得湘南車牌都是飆車族」這類傾向討厭與湘南混為一談的反湘南派存在。

事實上以往也曾有人提過乾脆將藤澤、茅崎、平塚、大磯、二宮、高座郡寒川町合稱為湘南市的構想，但最後因為在地居民的反對而遭到駁回。

不過相對於十分重視「茅崎＝南方之星」印象的茅崎，平塚則是刻意將在地足球隊

Bellmare平塚改名為湘南Bellmare，似乎挺中意湘南的!?

藤澤居民由於常被關東以外的人問「藤澤在哪？」，所以被問到出身通常都會回答「湘南」或是「有江之島的地方」。不過此時得到的回應通常都是「咦？江之島不是在鎌倉嗎？」這種令人失望的回答就是了。

不過，最近藤澤因為松下電器等民間企業與藤澤市政府一同推動的環保都市構想「藤澤SST（Sustainable Smart Town）」而蔚為話題。藤澤市不僅作為縣內各個市町村人口增加率第一名（二〇一二年　神奈川縣調查）的城市人氣持續上昇中，以環保先進都市FUJISAWA名揚國際的日子也指日可待……!?

與身為環保都市所營造出的樂活氛圍非常相襯也是這裡獨有的特色，就這點來說東京就算卯足全力也是望塵莫及啊～。

車牌君

橫濱一定對時尚地區超熟悉的吧！
帶我們去港未來嘛～
那個……
横浜
あ・123
說到港我也只熟漁港…
※其實三浦市也是橫濱車牌
那個那個
帶我去海邊玩嘛～
湘南
く46-49
我對溫泉比較熟的說
※以溫泉知名的箱根是湘南車牌
啊
就是沿岸有很多工廠的地方對吧～
等等！
川崎
の11-92
我是現在火紅的MUSAKO啦！
※MUSAKO＝武藏小杉
……相撲？
相模
お・・29
是相模!!
※相模常被看成相撲&因此被拿來揶揄……

潛規則26

茅崎站是「希望之轍」（南方之星）

Yokohama Rules

相對於橫濱市營地下鐵車站播放的橫濱之子心靈旋律「橫濱市歌」(參見潛規則38)，在茅崎站則一定會聽到由當地出身的桑田佳祐領軍的南方之星的歌。透過在地連署，自二〇一四年十月起JR茅崎站的發車旋律改為「希望之轍」，且只在東海道線的月台播放(不含相模線)。雖然也有些人表示受夠了「來自茅崎＝南方之星」的既定印象……但不論如何，都是件好事啦！

也因此茅崎拼上全力讓一切盡可能都染上南方之星的色彩！例如將海灘命名為南方Beach CHIGASAKI，從車站延伸至海邊的商店街則取名南方大道商店街。這裡沿途皆是寫著南方之星歌名的唱盤型看板，甚至還有南方神社。

覺得推銷過頭了？不不，其實南方之星的歌裡也常提到烏帽子岩、Rachien大道、HOTEL PACIFIC這些可以聯想到茅崎的字眼，同時為了回應在地歌迷對南方之星的熱情，也會特地在茅崎舉辦現場演唱。茅崎與南方之星之間可說是相親相愛，故鄉之愛萬歲！

其他與這塊土地有淵源的名人還有加山雄三。前面提到的HOTEL PACIFIC便是源自加山與其父親上原謙經營的渡假村「Pacific Park茅崎」裡的旅館。沒錯，與葉山齊名，這裡也有曾作為別墅地而繁榮的上流歷史。

順道一提，隔壁平塚站的旋律則是象徵充滿夏季風情的湘南平塚七夕祭典的歌「七夕大人」……雖然同樣都是湘南卻也各有不同賣點，不是挺好的嗎！

潛規則27

自古以來的高級區便是山手（町）、披露山（TBS）與鎌倉

Yokohama Rules

「我來自逗子，住在TBS……」——這是出自以鎌倉為舞台的漫畫「鎌倉物語」中有關居住地的對話。這時候若是問「是那個TBS電視局？」就太外行了！對於住在逗子附近已久的人來說，TBS乃是於披露山上標高約一百公尺處打造的「披露山庭園高級住宅區」，由TBS興產開發建造而得名。

別名「日本的比佛利山莊」。除了可一覽江之島、逗子Marina與富士山的景色，平均佔地面積約三百坪，電線與其他的纜線也全都地下化！除了是小田和正與松任谷正隆的老家，過去反町隆史與松嶋菜菜子夫婦以及濱崎步也曾住在這裡。

若說到橫濱市內自古以來的高級住宅區則非山手莫屬，不過這裡也分成兩區，一塊是曾為外國人居留地的中區山手町。這塊當初應住在山下町周邊的外國人要求而開發的地區，至今也還是能看到不少外國名門牌。而且車庫內停放的盡是高級車……看來對上流人士來說坡道根本不成問題。另一塊區域則是山手車站周邊，目前還保留著輕鬆隨性的老街氛圍。這一帶居民常在對話的時候附上一句「我是靠山手站這帶的，不是山手町（上流人士）」。

此外絕不能忘記的便是，潛規則22提過的古都鎌倉以及當地豪商代表的原一族曾在此興建三溪園的本牧，也皆是歷史悠久的高級地段。記得往後若遇到這些地區的住民，主動親近對方也絕不會有損失的。

潛規則28

東急高級新市鎮的薊野&多摩廣場

Yokohama Rules

與山手或鎌倉一帶的正統高級住宅區相較之下屬於新興勢力的便是東急田園都市線沿線的青葉區。這裡平均年收入為七百六十五萬日圓，其中突破一千萬日圓的比例高達百分之二十三．四七（Yukashi Media 二〇一四年），乃縣內之最。受惠於東急對沿線開發的努力，根據「橫濱市民意識調查」（橫濱市），這裡以「景觀良好」、「街景整潔」為由入住現居地的區民比例也是市內第一。此外，據說東急的實質創業家五島慶太曾向成功為關西阪急沿線地帶打造高級感的小林一三學習經營之道，這樣看來能有今日這般成果也不難理解了。

沿線特別受歡迎的薊野站與多摩廣場站除了站內的東急系商業設施，還有米其林認可的手打蕎麥店「風來蕎」等人氣餐飲店。對教育的高度重視讓私立國中的升學率為市內最高的百分之二十七．三（橫濱市教育委員會 二〇一三年）。補習班也很多，甚至有「青葉區的補習班層次很高，學生的服裝也是」一說（?）。隨著慶應義塾橫濱初等部的設立，貴族氣氛有增無減。

話雖如此，早期這裡「根本是一大片雜木林與田地的鄉下」（by 老橫濱之子），所以只要稍微離開車站，眼前便是一片「田園」風景。根據前面的調查，這裡以周邊環境的「寧靜」為由入住的比例也是全市第一。兩百三十多處的公園數量也是全市最多，大自然與便利性之間的絕妙平衡正是這裡的魅力所在。因此就算被戲稱為橫濱都民，實際上「這裡比東京還適合居住！」才是他們的真心話。就這點來說，在想法上跟橫濱市內其他住民可說是不謀而合了。

潛規則29

年輕度與平均壽命市內第一的都筑區

Yokohama Rules

來到這裡有高機率會撞見嬰兒車以及備有嬰兒座椅的淑女自行車！這就是平均年齡四十・一一歲（二〇一三年），號稱市內最年輕的都筑區才有的光景。

這一區本來就歷史尚淺，一九九四年從港北區與綠區獨立出來之後，與青葉區一同誕生。原本這裡是草木叢生、橫濱首屈一指的農村地區，但現在在中心北&南站周邊則是陸續出現各種大型購物中心，多到令人不禁想說「也太多了吧！」。而且最大的特徵就是區公所、郵局、醫院這些基礎設施全部設在車站附近，可一次搞定大小事！其他地區的話一出車站多會先遇上氣氛活潑的懷舊商店街（潛規則11），相較之下這裡則是展現了截然不同的面貌。

因此，從潛規則28提過的調查也能發現居民對這裡的「購物便利性」與「教育、學習環境的完善」滿意度都是市內最高，而且有趣的是在鄰里關係上，覺得「不會過度干涉彼此，生活起來很自在」的比例頗高，僅次於前一代新市鎮的磯子區。這般傾向追求「隨意自在，若遠似近的人際關係」也可說是身為新興地區&其住民特有的風格。

然而以年輕為賣點的都筑區也有令人出乎意料的一面。根據「市區町村平均壽命」（厚生勞動省二〇一〇年），此區男性的平均壽命為八十二・一歲，為全國第三高（第二是川崎市宮前區，青葉區為第八）。不僅孩童人數增長，銀髮族的增加也是多虧了這裡的適居性？想要長壽的人最好多多留意一下這裡囉!?

潛規則30

走在街上，到處都是「發祥紀念碑」……

Yokohama Rules

其數量之多，與在地的崎陽軒分店數量不相上下!?走在橫濱街頭，不斷映入眼簾的便是標記發源地或創始地的紀念碑與告示牌。根據記載本地發祥物的《橫濱事物起源考究》(橫濱開港資料館)，舉凡報紙、照片、瓦斯事業、鐵道、庭球(網球)到賽馬、乾洗店、接線生、消防急救等等，其數量將近八十種之多。港都的力量真是不得了！

不只是橫濱，比方說大磯正是海水浴場的起源地。從蘭書[14]了解到海水浴功效的初代陸軍軍醫總監松本順於一八八五年在此打造第一座海水浴場，而後大磯地區作為避暑與避寒地的人氣便不斷上昇。過去伊藤博文等歷代首相共有八人於此地設居，享有「明治政界的後宅大院」之名。此外葉山是日本帆船的發源地，鵠沼海岸則是日本海灘排球的起源地，以及三浦半島的日本首座西式燈塔「觀音崎燈塔」，也都要感謝與海鄰接的地利之便。

在食物方面，相對於主打冰淇淋、啤酒、麵包這類舶來品的橫濱，小田原則被認為是附有板子的魚板&生竹筴魚碎肉的發源地。嗯，有歷史淵源的土地就是不一樣哪。而模仿英國人的帶骨火腿開發出世界首創家庭用里肌火腿的則是鎌倉火腿富岡商會(鎌倉)，身為古都卻還是具有十足的異國風格！

如今日本人能在夏天享受冰淇淋，一邊把芥茉醬油魚板與炸火腿排當下酒菜配啤酒，其實都是拜這塊土地之賜。好好感謝一下吧！

潛規則31

提到箱根就想到「新世紀福音戰士」!?

Yokohama Rules

說起箱根會想到?「溫泉!」、「箱根驛傳?」,若僅有這般認知那就還太嫩了!近年來箱根作為動畫《新世紀福音戰士》的舞台而人氣高漲,不但在箱根湯本車站內設有周邊商店,在劇中設定為第三新東京市的仙石原還開設了「LAWSON第三新東京市分店」。連箱根町的公務車也有新世紀福音戰士版,真是太酷了!

其實除了箱根,許多漫畫與動畫都以這一帶為背景,例如籃球漫畫的經典《灌籃高手》(高中設定在湘南地區),主角來自橫須賀的《幸福光暈》,以山手為舞台的《來自紅花坂》等等。日本首本漫畫雜誌《Japan Punch》也是在橫濱創刊,可謂是日本大眾文化的發源地啊。

不只動畫與漫畫,很多電影與連續劇也都在此取景,像是以伊勢佐木町與黃金町為舞台的《私家偵探濱麥克》(永瀨正敏主演)以及飾演「橫濱港警察署」的館廣與柴田恭平在本牧一帶奔走的《危險刑警》等。曾位於大船的松竹大船攝影棚則是催生出許多如《男人真命苦》等知名作品,而日本第一座西方電影院,同時衍生出「封切[15]」一詞的,正是位於伊勢佐木町的「ODEON座」。

拍攝《濱麥克》系列的林海象導演曾說:「我的電影若沒有街景與行人,是拍不成的」,所以據說他非常堅持活用現有的橫濱街道與店家當作布景入鏡。

沒錯,這個「如畫一般的城市」就是這麼適合拍電影的啦~。

潛規則32

工廠夜景迷的聖地！

Yokohama Rules

黑暗中伴隨著轟音映入眼簾的金屬亮光、如生物般裊裊上升的白煙，說是宛如電影《銀翼殺手》中描繪的近未來世界場景，好像又太超過了……川崎、鶴見附近的京濱工業區一改過去給人「灰色的工廠地帶」的印象，現今受到許多日本各地不斷增加中的「工廠夜景迷」們的矚目。

特別廣受歡迎的便是從二〇〇八年開始的工廠夜景巡迴。配合HATO巴士推出的巴士與屋形船海上之旅，班班都是預約爆滿！川崎市還與同樣以工廠夜景為賣點的北海道室蘭市、三重縣四日市市以及福岡縣北九州市合作，共同舉辦了日本首次的「工廠夜景高峰會」。除此之外加上山口縣周南市與兵庫縣尼崎市，在這些合稱「日本六大工廠夜景都市」的成員之中，川崎市作為主導的角色，以川崎式風格(?)積極地朝著觀光城市的方向邁進。

目前在此區設廠的有東京電力的發電廠、東芝、JFE鋼鐵、東亞石油、昭和電工、日清製粉這類足以代表日本的工廠。而成就了該工業區以及帶動日本製造業的重要功臣便是有「明治的水泥王」之稱的淺野總一郎。

其人生就正如小說《百折不撓　事業之鬼．淺野總一郎》的書名所示。於故鄉富山經商失敗後，淺野連夜潛逃到東京，隨後靠著不屈不撓的精神在水泥、煤礦與造船業界闖出一片天。五十歲時決意要讓日本成為「世界第一的貿易大國」，當時在有「日本第一銀行王」之稱的安田善次郎以及被譽為日本資本主義之父的澀澤榮一的協助下，便以填海造陸的方式打造了這片工廠地帶。現今除了JR鶴見線有紀念其名的淺野站，附近沖繩料理店林立的「小沖繩」也是由於當時有許多從沖繩遠赴此地謀職的人在此聚集所致。順帶一提，在日本人還習慣隨地小便的那個時代，以「現代化國家必須有適當的廁所」為由打造日本首座西式公共廁所的也是淺野。真的很有先見之明啊！

此外，日產汽車、麒麟啤酒、雪印MegMilk、味之素等工廠也多數設立於此，所以這裡不但是工廠參觀迷們的聖地，也讓神奈川縣整體的產品出貨量高居全國第二名！另一方面，現在以IT企業之都而備受注目的就是古都鎌倉。以二〇一四年年底上市（東證Mothers）的KAYAC為代表，有別於美國矽谷的「鎌魂谷」（Kamacon Valley）逐漸形成，鎌倉東山再起的日子已經不遠！而橫濱其實自古以來也是像淺野一樣充滿野心的明日之星們為了追求商機，從全國各地前來的聚集之地，因此說是創投業的發源地也不為過。

在這附近約會的話，港未來的浪漫夜景絕對是不二首選。然而偶爾看看京濱工業區充滿「陽剛味」的夜景，遙想這塊土地的經濟發展過程，說不定是只有在硬漢派的港灣都市才能享受到的體驗喔！

Yokohama Rules

交通篇

購物篇

食物篇

街道篇

詞彙．人際關係篇

生活百匯篇

潛規則33

不知不覺間「jan、jan」說個不停

「『Jan』不就是標準日語jan？」

的確也有人這麼以為……畢竟說到橫濱、湘南地區的方言之王就非「jan」莫屬jan！最有力的說法是原屬愛知縣三河地區的方言（「jan」、「dara」、「rin」為此地區常用的三大語尾）在漸漸普及到靜岡、神奈川等地後，如今在東京或其他關東地區也被廣泛使用。不過在這裡，「jan」的使用頻率則是異常的高。語意與「deshou？」（對吧）、「～janaika」（不是嗎？）類似，標準用法例如「剛剛不是說過了jan？」，但是這裡卻還有「～janka」、「～janyo」、「～jankayo」等根據情況自由變換語尾的用法，作為萬用的詞彙被高頻率地使用。

因此，若聽到橫濱之子或湘南之子吵架，會變成「所以我不是說了jan」、「話說回來，都是你先害事情變得這麼糟的jan」、「哪有，是你先的jan？」這種「jan來jan去」的可能性很高。又或者被外地人指出「你們很常～jan耶？」的時候說「咦？沒這回事jan！」，最後只能苦笑收場……這也是很常見的事了jan!?

除了年輕世代，在地的正統橫濱貴婦們也常常隨口說出「～jan」，某些地區「～jane？」、「～deyo」、「～kayo」這類輕佻的詞彙甚至連老奶奶都在用，令人不禁心想「難道以前當過小混混!?」。鄰近靜岡的地區則會以「ke」代替語尾「jan」，例如「真的ke？」、「真的假的ke？」。

此外由於來自藤澤市的SMAP的中居正廣常於電視上使用而廣泛傳開的「tabe」也被認為是神奈川腔的一種。雖然因為在以此地為舞台的飆車族青春漫畫《Hot Road》中頻繁出現而被誤認為是不良少年用語，但其實這也是群馬縣的常用方言之一。橫濱開港後，群馬縣生產的生絲正是這裡主要的出口產品，或許在語言上多少有受到當時來到神奈川縣尋找商機的群馬實業家與商人影響。

令人意外的是，有插隊之意的「橫入」以及覺得倦怠懶散的時候使用的「Kattarui」也都源自神奈川。若是在捕漁小鎮的三浦三崎一帶，還會把「Kattarui」變成「Kettari～！」、「Shouganai（真沒辦法）」說成「Shanne」、「Kaeru（回去）」變成「Ke－ru－！」這般多了幾分豪放的語氣。

即便整體來說充滿著都會氣氛，一旦到了不同地區，語言與氣質也會跟著改變，這就是神奈川風格。

我是戶塚愛子
目前住在橫濱
在與老公一起散步時
哎呀呀？
這不是勇司jan！好久不見
喔～！！好久不見jan！
女朋友很可愛jar，結婚了？真羨慕啊～
我連女朋友都沒有jan！
這樣不太妙jan！
要你管啦～
橫濱之子說話常在最後加上「jan」呢
是不是方言呢？
咦？不只我們這樣jan
東京的人也很愛說jan的jan？
啊哈哈
你現在不是就說jan了jan！
你也是jan！
兩個janjan星人…

潛規則34

「卓袱台」也是源自橫濱

Yokohama Rules

「Gurumounen」跟「Hamachi」的意思是?這是橫濱開港後為了與數量遽增的外國人溝通而產生的「和製英文」。前者是「早安(Good morning)」,後者和日文中一種魚類的名字同音,但其實是「多少錢(how much)」之意。這類詞彙被稱為橫濱英語或Yokohama語,據說當時在日本人之間也會使用。

除了英語之外,其他外語也同樣對這塊土地以及語言造成影響,例如源自中文「桌巾(桌袱)」的卓袱台(Chabu-dai)。代表「×」的「Peke」則據說是從馬來語的「Pergi(離開這裡)」來的。

關於「Chabu」還有另一種說法就是此地曾有一處以外國人為主顧的花街柳巷「Chabu屋」,而這個詞乃是從發音相近英文的輕食屋「CHOP HOUSE」而來。雖然多被歸類為「賣春宿」的一種,但也有許多為了跳舞或吃飯等其他目的而造訪的客人,在過去遍佈於設有多數美軍基地的本牧地區。

此外位於橫須賀基地附近,可體驗美國氛圍,(曾經)讓人宛若置身國外的水溝蓋大道也是當地限定。事實上設於神奈川的美軍基地數量僅次於沖繩與北海道為全國第三,因此大部分一定年齡層的居民都表示以前「很憧憬鐵絲網對面的美國」。不僅有中華街,像是川崎的韓國街與鶴見的巴西街等「海外國家」現今也分布在各區,真不愧是文化相互交融之地啊。

潛規則35

喜新卻不厭舊

Yokohama Rules

「前衛的頑固傢伙」——tvk電視台的福島俊彥曾於雜誌《有鄰》（有鄰堂）這麼形容橫濱之子的本質。也就是雖然「好奇心旺盛且行動力十足」，但仍「有屬於自己的堅持」。一如福島所述，從歷史上來看儘管這裡不排斥新事物，卻會辨別其好與壞，不論是有意識的，還是無意識的。將新舊事物巧妙地融入生活之中並取得平衡，似乎正是此地存在已久的風土民情。

舉例來說，根據先前提過的《現代的縣民意識》調查結果，全縣有七成的人表示「想於工作與生活上積極吸收新事物」！可見這塊土地對於「新事物」的包容性在日本全國也是屬一屬二的高。

在以前，這座從明治時代急速發展起來的港都，非常自由闊達。然而雖然保留有樂觀奔放的DNA，卻也有「傳自國外的事物很多，那橫濱固有的傳統是什麼？」、「說真的這裡沒有所謂媽媽的味道——心靈食物這種東西」這類看法存在。

或許正是因為如此，不管是古老建築物及石碑、老牌百貨高島屋與懷舊商店街，或曾是「小美國」的本牧，有許多人更偏愛與現代化的MM截然不同、象徵著「西化橫濱&傳統橫濱」的東西。愛著不受歷史束縛的風土民情的同時，卻也更受到這些相較之下成為「優良傳統」之物的吸引，並試圖將它們保留下來——這般古典與保守、新潮與開放共存的矛盾心理，正是此地居民的最佳寫照。

潛規則36

我行我素的老二氣質

Yokohama Rules

在都道府縣排名之中，神奈川縣的人口數為全國第二、工業產品出貨量排第二、零售業年度銷售金額為第三、家庭主要平均收入以及小學學童數也都排第二（參考「神奈川排行」神奈川縣統計中心），且全市人口數量來說橫濱也是全國第二。在各種統計中，此地佔居全國第二～三名的機率非常之高。

這些排行通常都由東京穩坐第一名。雖然橫濱或神奈川有時會與大阪角逐第二名的寶座，但相對於針對王者東京抱有不知道從哪來的自虐情結的（人稱）日本第二大都市大阪，這兒的態度則是完全相反。既沒有想贏的意思，更遑論爭出個高下，貌似根本不在乎排名這種東西。

為什麼呢？某方面來說應該是因為這裡在歷史上擁有許多來自海外&當地發祥的事物，所以沒有必要太在意或是跟其他地區做比較。一部分人認為是因為這塊土地一直都是作為人貨集散港口，也就是中繼點，所以「沒想過要孜孜不倦地親手創造出甚麼東西」。

雖然只是當時日本政府的一時之念，但這裡確實是受到地利之便的影響，才得以形成現在這種隨性淡然、我行我素的性格吧。

「毫不彆扭的開朗個性」。

來自橫濱的作家吉川英治曾如此評論這塊土地，大概就是所謂的港都風吧。此處的風土民情就是適合以這般充滿爽朗感的一句話來形容。

而這也連帶影響到人們的價值觀。也就是「重視生活」。

根據統計，神奈川縣民的通勤時間為全國最長（參見十七頁），睡眠時間卻是全國最短（七小時三十一分鐘）。但若就此斷言居民們「大半時間都花在通勤上，不眠不休也要工作」的話，其實不然。

事實上這裡的工作時間是全國第五短，從事嗜好、娛樂與自我啟發這類「積極的自由時間」則是全國第一長（每週平均一小時二十三分鐘。二〇一一年社會生活基本調查 總務省）。

是的，橫濱之子與神奈川人對於充滿刺激的東京或大阪既不羨慕也不憧憬，而是在最愛的故鄉貫徹自己喜歡的事物……他們重視的是專屬自己的舒適感與生活方式。

「踏進東京，立刻就想回家」，之所以會說出這種不像都會人的感想，或許就是因為上述的理由吧。

故鄉最棒，當第二也無妨。

儘管走自己的路，這般我行我素便是這塊土地的強韌之處。

那個！
這個週末帶我去表參道嘛～離橫濱還算近不是嗎？
我想去看看！
嗯，好是好啦～
哇⋯⋯到處都是人⋯⋯
總覺得靜不下心啊～
人很多？跟橫濱有差這麼多嗎？
喂 差不多該回去了吧？
咦？才待了一個多小時耶
我對這附近不是很熟的說⋯⋯
果然看著港口覺得安心多了～
呼～～
看來是真的很喜歡橫濱啊⋯⋯

潛規則37

來者不拒、去者不追

Yokohama Rules

到現在為止，我們已多次提到「橫濱之子」這個詞。

但到底「橫濱之子」的定義為何？若拿這個問題問在地人，肯定會得到「在橫濱住上三天就是橫濱之子」這種隨性的回答！不像江戶要是家世不超過三代就不承認你是江戶人，也不像若只有百年歷史根本稱不上是老店的京都，要成為橫濱之子的門檻意外地很低。就連外地移入的新居民也常表示「這裡的人際關係沒什麼隔閡，很容易融入」。

在這種隨性又輕鬆的風氣背後，果然還是受到其歷史影響。說起過去的橫濱，從江戶時代開始，身為東海道宿場町的神奈川、保土谷、戶塚非常興盛，同時神奈川湊（港口）也作為海外交通據點日漸繁榮。不過以「橫濱」為名展開的歷史實際上僅有開港後的一百五十多年而已。

這塊土地的獨特氛圍與性格，是由橫濱村原住者、從全國各地來此尋求商機的人、完全是來湊熱鬧的人、還有西洋人、中國人，總之就是形形色色的人所共同營造出來的。因為沒有自古以來的藩籬或交情的束縛，因此自然而然造就出不在乎出身與血緣的風土民情。

「在橫濱住上三天就是橫濱之子」這句話除了有這番歷史背書，但說得再準確一點，這裡的居民同時擁有「來者不拒」、「去者不追」兩種個性。雖然作為外來文化窗口培養出來的天性讓他們懂得仔細分辨事物的好壞，但對於外來事物其實都是先歡迎再說，對逕自遠去的事物則是不會強求……

說得好聽點是機靈，說得難聽點是冷感，不過或許正是因為擁有不執著於過去的DNA，才能在開港後歷經關東大地震與橫濱大空襲造成的毀滅性打擊下迅速地重新振作。

而且，他們雖然冷感卻絕非「冷漠」。從開港當初的歷史來看，要與故鄉、國家、語言皆不同的人們和平共處，便要懂得保持「若即若離」的關係，遇到特殊情況時，則要「同心協力」。這種巧妙的距離感在維持當時的人際關係是很重要的。

正因如此，才選擇不輕易進入他人的領域。而且從有很多郊外新市鎮這點來看，除了是這塊土地特有的處世之道，也是一種隱晦的「體貼」吧。

所以，即使外表「看起來沒甚麼執著……」、「有點冷酷!?」，但若是投入他們的懷抱，肯定能感受到那股淡淡的溫暖……這種「適溫」的感覺不是恰恰好嗎！

Yokohama Rules

交通篇

購物篇

食物篇

街道篇

詞彙．人際關係篇

生活百匯篇

潛規則38

心靈之歌是橫濱市歌!?

在開學典禮、畢業典禮或是開港記念日的活動上，會與校歌或「君之代」（日本國歌）一起唱這首歌，等到成人式的最後也會高聲齊唱（橫濱的成人式分成上午與下午兩個梯次在橫濱Arena舉辦，是日本規模最大的成人式！）。進入社會後若是在市營地下鐵的月台聽到這首歌也會不禁小聲地跟著哼，然後參加小孩的開學或畢業典禮時再次跟著開口唱……

如此這般，對土生土長的橫濱之子來說，恐怕會被糾纏一輩子（!?）的心靈之歌便是「橫濱市歌」。在這塊外來新移民很多的土地，能不能完美地唱出這首歌，可說是辨別道地橫濱之子真偽的試金石。

順帶一提，這首歌的作詞者為森林太郎（森鷗外），製作陣容可謂強大！原本是為了記念開港五〇周年而由第五代橫濱市長主導製作的日本第一首市歌，在第十八代橫濱市長的命令下又重新改編成更容易歌唱、富有親近感的曲調，曲風之所以意外地帶有流行感或許就是這個緣故。歌詞從描述開港前作為偏鄉的橫濱村的寂寥風景開始，隨著唱出「（我國日本生為島國）港口雖多，但沒有比橫濱更優秀的港口了吧」氣氛逐漸高漲，最後充滿節奏感地唱出「請看現在那千百舟無數停泊的港口～♪」達到歌曲的最高潮！靠著這首歌確實地培養出橫濱之子心中對故鄉的愛……菁英教育，真是不容小覷。

前面提到的開港記念日（六月二日）這天除了會唱這首市歌，橫濱市立的學校當天也會放假

（開港日以現今國曆來看應該是七月一日，但當時使用農曆則是訂在六月二日）。此外還會舉辦橫濱開港祭，許多市民都曾於小時候前往觀賞或參加市內舉辦的遊行（現今遊行於五月三日舉行）。

不過，同在橫濱市內非市立的學校在這天是不放假的，對此感到遺憾的縣立&私立學校的學生也不少。那神奈川縣的其他區域難道就沒有這種市民休假日嗎？頂多就是川崎市的市制記念日（七月一日）才一樣有放假。

關東一帶，例如群馬、千葉、埼玉與東京其實都有各自的縣民（都民）日，每到當天似乎迪士尼樂園就常常會被特定的縣民給擠爆……然而這類全縣居民能夠共有的回憶畢竟還是不太多吧!?

順帶一提，山手的妙香寺雖然被認為是日本國歌「君之代」的起源地，但在當地似乎市歌比國歌還受重視!?外地人若想一窺他們對故鄉的愛，記得好好練習一下橫濱市歌。在飲酒會上能夠一同高歌的話肯定能瞬間將距離拉近唷！

現在是公司聚餐後的續攤正在唱卡拉OK
人～生永遠都是一場～旅行～～
然後啊！
拍照
拍照
還真唱這種做作的歌啊～
喂！
這甚麼奇怪的歌沒人聽過啊！
‧‧‧‧
有種討厭的氣氛…
這種時候就要
靠這首歌！
點歌
主辦人
現在～那千百舟無數停泊的港口～
讚

潛規則39

以為「A TEST」是全國性測驗

Yokohama Rules

「前天不是A TEST的日子嗎？（中略）為什麼蹺掉了呢？」

這是以神奈川為舞台，描寫為母女關係煩惱的少女和希，和飆車族男友貫徹純愛的人氣少女漫畫『Hot Road』中的開場白。母親對著蹺課的和希所說的這句話，對許多非神奈川縣的人來說，應該都不明白「A TEST」是什麼吧……

其實這是神奈川的親子才會有的對話，而且現今若不是三十歲後期的世代只怕是無法理解過去的這份痛苦（?）。「Achievement Test」，簡稱「A TEST」，通常於國中二年級的第三學期實施，對於希望就讀公立高中的學生來說，從測驗結果大致就能抵定之後升學的去處，稱得上是個「恐怖」的測驗。

本是為了減輕一試定終身的入學考試所佔比重的A TEST，在審查入學資格時，與內申成績[16]的合計比重卻高達百分之七十五，一旦國二的成績不盡理想，就會失去翻身的機會……由於在二年級的時候被老師說「你就是○○高中的料」，也曾導致許多學生的學習態度消極，加上沒有提供在A TEST實施之後才轉入的學生相關的救濟措施，種種弊端陸續浮上檯面，無計可施之下終於宣告在一九九七年全面廢止。

「國二的時候太用功，已經燃燒殆盡了」、「內申成績不好就沒能去想念的學校，都導師害的！」、「因為在A TEST拿到超乎實力的分數就鬆懈，之後的人生盡是走下坡」，諸如此類的抱怨不絕於耳，可見這裡曾有多少嚐盡青春苦澀滋味的前考試戰士們。

在歷經前期（重視內申）&後期（學力測驗+內申）的篩選方式後，從二〇一三年改採實力重視的全體學力測驗。自二〇〇五年撤銷了學區制，至此縣內任何地方的學生都能參與考試，導致了學生集中報考明星學校的現象。

明星學校中公立最受歡迎的前三名分別是舊學區的湘南、橫濱翠嵐與柏陽，還有橫濱綠丘、川和、希望之丘、平塚江南、光陵、橫須賀，縣西北部的多摩、厚木、秦野、小田原、相模原、大和等校，縣內首採學分制的神奈川綜合高中也頗受青睞。私立則首推慶應義塾、慶應義塾湘南藤澤、桐蔭學園、法政大學第二、山手學院、桐光學園（升學班SA課程）。

前面提到的私立高中以桐蔭學園較為特別，除了以高中單年就擁有一千多位學生的龐大規模出名，值得一提的是有許多個性鮮明的畢業生。從演員織田裕二、漫畫家Yakumitsu-ru、諧星椿鬼奴、藝人西川史子、演員水嶋斐呂到聖飢魔的小暮閣下。之所以會誕生出擁有千姿百態的校友，是因為這裡的風土民情所致，還是單純因為學生眾多呢？

此外與潛規則40將介紹的御三家[17]相同，這裡校規非常嚴格。就這層意義上，說不定是從嚴格的校規解脫後所產生的反作用力促使畢業生的個性開花結果了……總而言之，一反高材生的刻板印象，意外地此地具有許多校風獨特&刺激的私立學校。

曾接受ATEST的神奈川縣民的共同記憶
國二春
？
國三春
ATEST前後視力會衰退
為了ATEST上補習班
學習專為ATEST設計的課程
會唱音樂課必考的「濱邊之歌」「夏季回憶」「早春賦」
清風的聲音啊～
雲朵的形狀呀～
非神奈川縣民
咦？那是什麼童謠嗎？
我因為老爸調職本來要搬到橫濱的
不過那時已經國三了啊～所以只好搬到町田（笑）
啊～
你是如果沒考到ATEST未來就準備吃苦的世代對吧～

潛規則40

說起御三家就是「FERRIS、雙葉、共立」、「淺野、聖光、榮光」

Yokohama Rules

潛規則23也介紹過，每天都得從JR石川町站努力「爬山」上學的貴族女子學校學生們。其中被譽為神奈川女校御三家的正是FERRIS女學院、橫濱雙葉與橫濱共立學園。這些學校與「服裝方面的校規自由、品味時尚」、「很多好人家的千金小姐」、「校規嚴格，個性嚴謹的女學生很多」這類普遍印象有些差異，例如沒有校規的FERRIS，其校友就常表示「其實校內有很多活潑的女生」（南方之星的原由子於在校時期就曾經組過樂團。老家則是關內的天婦羅老店「天吉」）。高門檻大學的錄取率也很高，是名符其實的實力派學校。

順帶一提，FERRIS是日本第一間女子學校，源自平文式（Hepburn）羅馬拼音發明人赫本博士的妻子於居留地自家設立的英語補習班。橫濱共立學園則自日本首間以混血兒為主的育幼事業起步，本校舍不僅已被指定為橫濱文化財，其設計者・威廉梅雷爾瓦歷斯（William Merrell Vories）也正是以曼秀雷敦聞名的近江兄弟社的母公司創辦人。

這些學校都非常著重於英語教育，「聖經只讀英文版」是基本常識，真是國際化啊！為了潛入採用門票制的文化祭，有些男性也回憶當時曾「為了得到FERRIS的門票而四處奔走」（也有男性只限家人才能參觀的學校）。

橫濱以外的貴族女子學校的話則不能忘了湘南地區（鎌倉、藤澤、逗子）。由鎌倉女學院、北鎌倉女子學園、鎌倉女子大學（國高中部）、聖和學院、聖園女學院、湘南白百合學園、清泉女學院這七所學校組成的「湘南女子聯盟」還會協同舉辦各種活動。湘南Girls……與山手的「祕密花園」齊名，這裡同樣飄逸著一股華貴香氣。橫濱跟湘南果然靠印象就加分很多！

不只女子學校，男生版的私立御三家則分別是淺野學園、聖光學院與榮光學園。這三所學校與慶應系學校齊名，雖然都給人資優公子哥的印象，校風卻各不相同。淺野學園是由潛規則32介紹的實業家淺野總一郎為了培育淺野財團旗下公司所需的人材而創立，與其他兩所基督教學校相比多了幾分奔放不羈的印象。唯一設立在女子學校林立的山手的聖光學院，被認為「與FERRIS關係不錯」而讓其他神奈川男孩羨慕不已（?），不過這裡可是每年都與榮光學園力爭縣內東大合格率第一的實力派。榮光學園則與神戶的六甲、廣島的廣島學院互為姊妹校，課堂間還會裸上身做體操，與其嚴謹律己的印象十分符合。

話雖如此，把橫濱跟湘南的高級感拋諸腦後，在社團打棒球或踢足球度過渾身泥巴的青春時光，這類神奈川男孩還是佔多數啦……（參照潛規則43）

橫濱制服圖鑑
御三家篇

橫濱共立學園高等學校

FERRIS女學院高等學校

橫濱雙葉高等學校

綴有黑色線條並以胭脂色為底
紺色的水手領
散發出高雅品味的
冬季制服
（常常被戲稱為「紅色狸貓」？）
從開始穿制服之後
持續了90年不曾變更的設計
水藍色的水手領散發出清爽感
領結是黑色的
西元2000年的創立一百週年紀念
重新設計了校服
由校友稻葉賀惠著手設計
夏季制服是短袖上衣與格子裙
水藍色上衣非常可愛

潛規則41

從國中開始帶便當是基本常識

Yokohama Rules

當著其他地區居民的面脫口說出「咦？國中還在吃營養午餐？（太落伍了吧～）」之後卻發現自己才是少數派而感到驚訝的橫濱．神奈川之子們……

即便廢止了A TEST，至今當地人共同擁有的國中印象就是這個！相較於全國公立國中約有八成提供營養午餐，神奈川縣居然只有百分之二十五（二〇一三年調查）。這不僅是全國最低的比例，神奈川人也很少有「營養午餐常吃〇〇耶」、「只要有甜點剩下就會變成爭奪戰」這類與營養午餐有關的回憶。

這是為什麼呢？真相就是在全國學校營養午餐日益普及的昭和四〇年代，這裡在人口遽增之下忙於各種學校建設，根本沒有餘力導入營養午餐系統。這也是在經濟高度成長期，不斷有新市鎮誕生的這塊土地才有的現象，但真正辛苦的是每天都要做便當的媽媽（or爸爸）們，甚至有職業婦女為此考慮搬到東京。許多學校不知為何竟提供只有牛奶的營養午餐，讓許多神奈川人對營養午餐的記憶就是「冬天都吃冷掉的便當＋冰涼的牛奶……」這般令人遺憾。

不過，川崎市領先全縣，宣佈將從二〇一七年開始實施營養午餐。不愧是外來移居家庭不斷增加的熱門區域！此外，橫濱市也打算開始導入需事前預約的「便當配送」制度。會使用哪家的便當真教人在意——沒意外還是會選擇「冷了也好吃」的崎陽軒Shiumai便當吧？

潛規則42

令人懷念的電視廣告歌便是

「魄力十足～、Daikuma～♪」&「好吃、好威、Hungry Tiger～♪」

Yokohama Rules

即使是不會唱橫濱市歌的神奈川人，只要是有一定年齡層的居民應該都能夠一同齊唱的就是在地的電視廣告歌曲！

例如，說到量販店就不能不提Daikuma的「魄力十足～、Daikuma～♪」，「每到新年看到Daikuma的廣告，就會跑去光顧！」是許多人的共同回憶。可惜在二〇〇二年Daikuma被納入山田電機旗下，並在二〇一三年正式被併為子公司。為了回應此地對Daikuma的深厚感情（桑田佳祐也曾在廣播節目中多次提及對Daikuma茅崎店的熱愛），神奈川縣內的門市至今仍以Daikuma做為店名。

另一間在地量販店就是以「ALiC、日～進♪」為主題歌的ALiC日進。如今雖然只剩生麥一家門市，曾在橫濱站西口的門市「纏著父母幫自己買鐵道模型」的回憶依然令人懷念。另外像是L商會量販店也有廣告歌「L商會♪鏘鏘♪」，可惜已經倒閉。潛規則16提過的Hungry Tiger的廣告歌則是「好吃、好威、Hungry Tiger～♪」。在tvk不斷播放下，連沒去過Hungry Tiger的神奈川人也會因此被洗腦而留下「漢堡排＝Hungry Tiger」的印象。

其他像是「有明～的～港口～♪」、「崎～陽軒～♪」，不論是誰都能隨時哼上幾句。若是把對五十多歲世代來說「只要有一本書」（有鄰堂）這句略帶青澀的廣告詞也記在心裡，與神奈川出身的上司肯定就能相談甚歡。

潛規則43

全縣高中棒球決賽比甲子園還振奮人心！

Yokohama Rules

以Y字型照明塔為象徵的橫濱體育場（通稱HAMASUTA）正是眾人皆知的在地棒球隊．橫濱DeNA灣星隊的主場，而且對接觸過神奈川高中棒球的人來說，這裡就是他們的「甲子園」。

這並不只是一種比喻。在此地舉辦的神奈川縣大賽不僅參賽校高達全國最多的兩百多所，比賽水準之高在過去甚至有「稱霸神奈川者就能稱霸全國」一說。有些球迷不惜請特休也要前往觀戰，每到決賽都是座無虛席。雖然也有「在縣大賽用力過猛導致甲子園時無法發揮實力」的疑慮，不過神奈川縣籍的隊伍曾六度獲得甲子園優勝（橫濱、東影大相模、桐蔭學園、法政二、湘南），在全國也算得上是非常高水準的地區。

尤其受到一定年紀以上的橫濱之子支持的便是橫濱高中（簡稱橫高，過去也被戲稱為Yota高）以及市立橫濱商業（Y校）。橫高本身因為高中棒球迷藝人柳澤慎吾的「一人甲子園」搞笑橋段而打開知名度，在過去成功壓制早稻田實業的荒木大輔，帶領橫高奪冠的愛甲猛選手也隸屬這裡，據說當時幾乎所有在地店家都停止營業前往觀賽。過了十八年，又由松坂大輔成功締造春夏連勝霸業。近年來雖與冠軍無緣，但是在灣星隊裡該校的選手仍然擁有極高人氣。

據傳Y校有許多校友球迷皆來自伊勢佐木町等地的在地商界，每當該校順利晉級，「本日暫停營業」的店家就會跟著增加!?同時這裡也是日本職棒創辦人河野安通志的母校，可謂歷史悠久。其他的強隊如培育出巨人隊教練原辰德等多位棒球菁英的東海大相模；桐蔭學園則是除了棒球，在足球、橄欖球界也是前段班的常客。近年來另有桐光學園開始於足球與棒球界嶄露頭角，如中村俊輔（隸屬橫濱F・Marinos）等多位職業足球好手皆出自此校。除此之外，橫濱隼人、平塚學園、日大藤澤、法政二、慶應義塾也都是知名的運動強校。

順帶一提，神奈川之所以不像東京推出兩支隊伍參賽，據說是因為強校大部分都集中在橫濱（十年一次的紀念賽則會推選兩校出賽）。因此若真要二選一，議論到底該由哪所高中代表神奈川大概就是本地高中棒球迷的專利。

其實除了高中棒球，在其他運動領域也都各有優秀的選手與支持者。足球界有以日產汽車足球部為主體的橫濱F・Marinos、從富士通足球部誕生的川崎Frontale、改名自Bellmare平塚的湘南Bellmare、由聲援橫濱Flügels的志士組成的橫濱FC以及地緣關係深厚的SC相模原。另一方面除了港未來設有Marinos Town，橫濱站西口五番街則能看到聲援橫濱FC的旗幟；進入川崎的話便到處都是宣傳川崎Frontale的水藍色旗幟與自動販賣機……即便是在運動領域，比起「支持神奈川縣」，更重於「支持自家地區的隊伍」才是這塊土地的作風。

如今仍有許多死忠球迷的橫濱高中棒球部
絕不可忘記的存在便是身為愛甲猛與松坂大輔的指導者統率棒球部的名將·渡邊元智
早期也曾加入橫高棒球部大學時代因傷而一度放棄棒球這個夢想但在23歲時就任母校教練一直到70歲依然在任！
2013·2014年春天居然與其孫子一同前進甲子園奮戰
一壘手渡邊佳明
初掌教鞭時碰上許多不良少年學生於是硬碰硬地進行指導
你們給我聽好！
※上任第一天，雖然就被社員帶進深山…
訓斥。
他總是以學生為第一優先在1973年順利帶領隊伍首次奪冠——
順帶一提柳澤慎吾的搞笑段子「一人甲子園」也有提到了渡邊教練
來～了鏡頭拉到了渡邊教練！
這個手勢是不是在說腰部以下的球別打呢！？

潛規則44

灣星隊的女性球迷「Hama女子」逐漸增加中!?

Yokohama Rules

「個人專用隔音包廂『大吼聲援席』」。「可當代理教練一天的票券」——《次世代棒球》一書（著・橫濱DeNA灣星隊）中記載著各種關於門票、座位或是棒球規則的新奇點子，而這些都是灣星隊的工作人員與選手想出來的！

當然，若要實現這些點子那可就傷腦筋了（？），但這種嶄新且具橫濱風格的在地型&都市型球團，讓年度觀眾人數在新球團誕生以來的三年內增加了百分之四十二！例如每年夏天例行的「YOKOHAMA STAR☆NIGHT」，不論球迷、選手甚至是離體育場最近關內車站職員全都會穿上藍色的特別制服，在橫濱體育場及街上舉辦熱鬧的活動，將這個地區染上一整片藍色！

同時也有針對女性舉辦的甜點主題活動「巧克力花園」，讓球迷俱樂部的女性會員數在兩年之內增加了約四・五倍之多，不亞於CARP女子的灣星女子[18]正持續增加中！其中將球團經營重心擺在以對本地的熱愛為基礎的地方振興，而非「發揚灣星隊」這點也非常符合當地的作風。像是前面提到的特別制服，在胸口繡的不是「BAYSTARS」而是「YOKOHAMA」！就算是討厭被「定型」的橫濱之子，對於這種能把最愛的橫濱發揚光大的活動實在是毫無抵抗力……哪天若能進軍CS[19]，是否會是繼橫濱大魔神（佐佐木主浩）於一九九八年奪冠後的風潮再起？還請一直以來支持大洋鯨隊（灣星隊前身）的川崎球迷們拭目以待！

潛規則45

小時候的遠足景點
便是野毛山動物園or兒童國

Yokohama Rules

以「免費入場」的慷慨氣度為特徵，「幼稚園、小學遠足必去」、「黑猩猩的柵欄前掛著的『請小心黑猩猩丟出的糞便』警告標語太衝擊了」、「最適合在中央圖書館念書念到一半時的療癒場所」、「供人撫摸的天竺鼠太可愛了」，如此這般存在於橫濱之子們兒時回憶中的正是野毛山動物園。

除了以飼有受頒市長功勞獎的印度象「Hama子」以及世界最高齡的Tsugaru先生（雙峰駱駝的名字而不是飼育員的）而聞名，原本預定隨著橫濱動物園Zoorasia（有許多人是為了一睹獾狐狓的風采）的開幕而關園，在當地居民的強烈要求下決定繼續保留。不但可從櫻木町車站步行抵達，又能跟動物近距離接觸，是個名副其實的休閒景點。

另一方面，位於橫濱市南部的金澤區區民必去的遠足景點則是金澤動物園，由於園區建在廣大的自然公園之內，還能順便享受BBQ。而橫濱市北部居民的遠足勝地則屬「兒童國」，居民對這裡也有「滾輪型溜滑梯真令人懷念」、「在這裡辦過馬拉松大會」等回憶。其他還有大池公園（兒童自然公園）、根岸森林公園（賽馬發源地），擴大至神奈川境內來看的鎌倉源氏山公園（遠足時被黑鳶搶走零食是常態）、小田原之子們的遠足勝地小田原城址公園等等，以首都圈來說這裡可以遊玩的公園算是非常多。畢竟神奈川縣自然公園所佔的面積比高達百分之二十，在全國前十名內可是榜上有名的喔！

潛規則46

橫濱之子
比起大海更愛游泳池!?

Yokohama Rules

有「日本最嚴格海水浴場」之稱而於二〇一四年蔚為話題的逗子海水浴場，雖然由於祭出禁止播放音樂、砂灘飲酒以及露出刺青等條例讓覺得「能安心一遊」的家庭客源不斷增加，但另一方面認為「海邊就是要自由！」的人則都移動到隔壁鎌倉的由比濱海灘。在鎌倉市也考慮今後是否要將規定嚴格化的情形下，作為人氣首屈一指的海水浴場似乎也很不容易……而在人氣景點江之島，避開人多的片瀨西濱及東濱轉戰腰越一帶也早已成為在地人之間的默契。

當然對住在橫濱市的橫濱之子而言，海是日常生活中的一部分，不過先不論衝浪等海上運動，大部分的人比起下海游泳，似乎更偏好「觀海＆海邊兜風」。問起「小時候夏天都去哪裡游泳」，有一定年齡的在地人多半會回答位於根岸的通稱猛瑪象游泳池（橫濱游泳池中心。設有滑水道）以及本牧市民游泳池、元町公園游泳池這類市內設施。其實直到昭和三〇～四〇年代之前，橫濱市內的沿岸地區仍有多處海水浴場，但隨著高度經濟成長期的填海造地事業如今已不復存在……目前只剩金澤區的「海之公園」（簡稱Umikou）為市內僅存的海水浴場，然而實際上這裡也是作為填埋工程的一環建成的人工濱海公園。

雖然海洋看似伸手可及，另一方面卻也有著身為港都必須面對的現實……話說回來，「umikou」有免費開放挖蛤蜊，或許也是一種能夠取得免錢食材的小確幸!?

潛規則47

爵士、搖滾樂……音樂業界的先驅！

Yokohama Rules

這裡是那位矢澤永吉（來自廣島）從駛往東京的火車途中下車的地方，也是昭和歌姬・美空雲雀誕生之地（老家為磯子區的魚店）。在曾被美軍接管的本牧，出道前的矢澤永吉駐唱過的小酒館「GOLDEN CUP」也孕育了日本第一個R&B樂團「The Golden Cups」。而後獨特發展出來的音樂文化也催生了帶有些微不良份子氣息，但充滿「The YOKOHAMA」特色的樂團「CRAZY KEN BAND」。沒錯，橫濱在當時可是能比東京更早接觸到受人憧憬的「超酷」音樂世界的地方。

在八〇年代，在地的神奈川電視台（tvk）除了推出音樂專門頻道「MTV」以及音樂節目「Best Hit USA」，專業音樂節目「Funky Tomato」（簡稱Fun Toma）與「Music Tomato」（簡稱Myu-Toma）也同時在此背景下成立。當時正值思春期的男孩們透過節目接觸到流行的西洋音樂之後，為了受女孩歡迎（?）而開始組樂團的人也不在少數！

此外橫濱也是日本爵士樂發源地，全國規模最大的爵士樂嘉年華「橫濱Jazz Promenade」便是在這裡舉辦。除了傳說中的爵士樂咖啡廳「Chigusa」，現今也還保有很多現場演奏的爵士樂酒館。說起來日本首座製作西洋樂器的工廠就設立在橫濱的日出町……這塊土地的「引領潮流之力」還真是不容小覷！

潛規則48

在箱根驛傳若是拍到在地風景
就會忍不住收看

Yokohama Rules

「不管是車站還路上到處都是人……」這般微微挑起當地人不滿情緒的，正是新年的例行活動「東京箱根往復大學驛傳路跑競賽」，俗稱箱根驛傳。

若是住在比賽路線周圍的居民，肯定都有「小時候被父母親帶去現場搖旗加油」、「想著說不定會上電視就跑去看了（笑）」、「班上總會有一個傢伙試著跟選手一起競跑」這類共同的加油體驗。一群人在目送跑者們離去後便一邊說著「一瞬間就跑遠了呢～」，一邊散步回家或是衝去百貨公司的年初特賣也是這裡特有的新年行程。透過電視轉播時，在地的神奈川大學（神大）以及在平塚設有湘南校區的東海大學尤其受到矚目，因此神大附近的六角橋商店街一帶也特別熱衷於聲援。即便是遠在他鄉的神奈川人也表示「因為會拍到以前讀過的育幼園所以還是會準時收看」，是個能讓人沉浸在兒時回憶的活動。

順帶補充，首次的箱根驛傳是於一九二〇年舉辦，幕後推手之一則是日本首位奧運選手金栗四三，在當時以培育世界級的跑者為目標提出舉辦「橫越美洲大陸接力賽」，箱根驛傳便是其預賽。不過，當時的舉辦日期為二月十四～十五號，完全不是新年的活動……而是情人節活動！之後賽程與規則雖然有所變動，不過當關門機制[20]被迫實施時導致路邊觀眾忍不住「年初首泣」的情景卻始終如一。加上神奈川縣警每年都因此都無法回家過年……真是辛苦了！

潛規則49

居住舒適度全國第一名！

Yokohama Rules

走出車站，一股淡淡的海潮清香撲鼻而來，輕撫的微風帶著一絲東京不曾有的清爽——描述橫濱各種史實與風景的《橫濱灣岸歷史四十七景》一書中，便曾出現過這般回想搭乘由東京出發的國有電車（當時名稱）在櫻木町車站月台下車之際所感受到的情景。

當然，這是三十多年前的事了。在海岸早已遠離的現代，從車站望出去的風景也與往昔有所不同。然而儘管變化如此之大，對在地人來說這塊土地仍是不變的安居之所。「從澀谷站坐上東橫線或田園都市線就覺得心情放鬆」、「看著MM的夜景與其說是美麗，不如說是令人安心」、「行道樹的綠意讓人心靈平靜」等等——。

姑且不論這塊土地被眾人認可的品牌力，在地人足以挺起胸膛宣稱「橫濱比東京那種地方好住多了」的理由，或許是在於橫濱「日常的面貌」，而不是對外的印象。光橫濱市內（橫濱市民意識調查　二〇一三年）就約有八成的人認為這裡「生活起來很容易」，以居住地來說，橫濱也是個「機能均衡」的地方。

不但都市機能充足，自然與綠意也意外地豐富。在橫濱市一直以來推行的「農業共存都市計劃」之下，此地擁有許多市民農園與蔬菜直銷所，地產地銷的活動也十分盛行。即便是時尚感十足的港未來地區，洲際飯店附近也還是能發現垂釣客的蹤影。來到知名觀光地鎌倉只要離開熱鬧的小町通或若宮大路抵達材木座一帶，便能體驗地方的日常悠哉感。穿梭於民宅間的江之電電車也僅是「碇咚碇咚」地以自己的步伐行駛著，這般「不經矯飾」的風格別有一番吸引力。

然而該說是「水至清則無魚」嗎？雖然聽起來像是在推翻前面的意見，但橫濱除了溫暖的「光明面」，與帶有些微猥瑣氣息、述說著戰後被進駐軍接收的歷史的「陰暗面」所編織出的「不平衡感」，也為橫濱的魅力添增不少層次。

著有多本橫濱相關書籍的作家山崎洋子就曾以「在海與天的青色光芒中圍桌而食」，也就是「明亮的闇鍋[21]」來比喻橫濱（『橫濱文藝復興』橫濱信用金庫編著）。

換句話說「即便是普通的柴魚高湯加醬油湯底，在擅自加入橄欖油、魚醬或是蕃茄醬後又造就出另一鍋風味獨特的湯頭」。若將眼光從橫濱放大至神奈川縣整體，「明亮的闇鍋」的複雜滋味也就更形深奧了。

沒錯，這裡就是一處「闇鍋」。不管從歷史或是地理位置來看，正是由各種形形色色之人聚集所組成的這塊土地，才讓外來客也能順其自然地融入。在這裡不需要偽裝，也不需要繃緊神經……只管卸下防備敞開心房。哪天回過神來，就會發現自己早已與在地人相同，這裡正是令人心安的唯一避風港。

我是戶塚愛子
住在橫濱已經半年了
銀杏的行道樹好美啊
商店街的人自己種的？
橫濱也是日本近代行道樹的起源地唷
馬車道沿路的商店街則是種了柳樹與松樹
元旦當天，所有的船會一起鳴汽笛
跟除夕夜的鐘聲比起來別有一番風情吧！
好有橫濱的感覺呢～
本來以為橫濱給人一種高貴的印象
可以算你便宜點唷！
但其實不但農業發達也有很充滿人情味的商店跟平民美食
居民也意外地開朗！
我應該也算的上是橫濱之子了吧？
不就是了嗎？
咦～真的嗎？
雖然從家裡看不到海啦
在橫濱住上三天就是橫濱之子
看來這裡已是我唯一的停泊港了…

註釋

1. 聖家堂：西班牙加泰隆尼亞巴塞隆納一座天主教教堂，從一八八二年開始修建，至今尚未完工。
2. 森林公園站位於埼玉，為東武東上線的終點站。與東急東橫線互通之後從橫濱到森林公園不需換車，乘車時間約一小時四十八分。
3. 韋馱天：佛教中被認為是腳程很快的神，日文中用來比喻善於行走以及速度很快。
4. 本厚木：日文中的「本」有真正、道地的意思。
5. 高島易斷：以易數斷卦解卦的占卜術。
6. 愚連隊：舊時代用語，指二戰後到處為非作歹的日本不良青少年族群。
7. 落語：類似中國文化裡的單口相聲。
8. 宿場町：以宿場（類似古代的驛站）為中心發展起來的城鎮。
9. O-157為大腸桿菌的一種，會引起食物中毒。BSE即是俗稱的狂牛症。
10. 秋刀魚與生碼麵的「生碼」發音相同，皆為「Sanma」。
11. 日本的大都市規模分成政令指定都市、中核市與特例市。
12. 箱根驛傳：東京到箱根之間的長距離大學接力路跑競賽。
13. 山之神：媒體用來比喻在箱根驛傳連續多年於第五區（爬坡路段）展現壓倒性速度的選手。
14. 蘭書：江戶時代從荷蘭傳入日本的西方文明統稱為「蘭學」，而蘭書指的就是記載相關學問的書籍。
15. 封切：指新作電影的初次上映。
16. 內申成績：針對在校時的各科以及品行表現量化成點數後的成績。
17. 御三家：原本是指江戶時代與德川將軍家有血脈關係的尾張德川家、紀州德川家與水戶德川家，後來引申為在某個領域最為有名、最有格調或最受歡迎的前幾名。
18. CARP女子：針對廣島東洋CARP棒球隊的女性球迷所用的稱呼。
19. CS：Climax Series，乃日本職棒聯盟於二〇〇七年導入的季後賽制度，兩聯盟於此賽中各自勝出的隊伍即可取得參加日本大賽的資格。

20. 關門機制：箱根驛傳賽制中，為避免選手之間差距過大導致比賽時間過長而訂下的時間差距標準。若與第一名差距來到二十分鐘，下一名接力隊友會被強迫直接起跑。

21. 闇鍋：日本一種火鍋遊戲。在漆黑的房間裡，每個人在不清楚他人所帶食材的情況下將所有食材投入鍋中並食用。

参考文献

『横浜謎解き散歩』小市和雄監修（新人物文庫）

『神奈川県謎解き散歩』小市和雄編著（新人物文庫）

『神奈川県なんでもランキング』全国町と暮らし研究会編（新人物往来社）

『京急電鉄のひみつ』PHP 研究所編／京浜急行電鉄協力（PHP 研究所）

『横濱ベイサイドヒストリー47景』山田一廣著（街と暮らし社）

『神奈川の謎学』博学こだわり倶楽部編（KAWADE 夢文庫）

『九転十起　事業の鬼・浅野総一郎』出町譲著（幻冬舎）

『なぜ、横浜中華街に人が集まるのか』林兼正著（祥伝社新書）

『次の野球』横浜DeNA ベイスターズ著（ポプラ社）

『ゆず　横浜青春物語』吹上流一郎著（コアハウス）

『これでいいのか神奈川県横浜市』小森雅人・川野輪真彦編（マイクロマガジン社）

『神奈川のおきて　カナガワを楽しむための49のおきて』神奈川県地位向上委員会編

大口ナオト構成（アース·スターエンターテイメント）

『横浜もののはじめ考　第３版』（横浜開港資料館）

『現代の県民気質　全国県民意識調査』NHK 放送文化研究所編（NHK出版）

『鎌倉ものがたり』西岸良平著（双葉社）

『ホットロード』紡木たく著（集英社）

「有鄰」（有隣堂）

『横浜市民意識調査』（横浜市政策局）

『まっぷる　横浜　中華街・みなとみらい'15』（昭文社）

『るるぶ　厚木　伊勢原　秦野　愛川　清川』（JTB パブリッシング）

『るるぶ　相鉄沿線』（JTB パブリッシング）

『横浜ルネサンス』横浜信用金庫／『横浜ルネサンス』制作室編（ダイヤモンド社）

『ミーツ・リージョナル別冊　横浜本』（京阪神エルマガジン社）

「横濱　vol.22，31，46」神奈川新聞社／横浜市編（神奈川新聞社）
『散歩の達人2011年12月号　no.189』（交通新聞社）
『散歩の達人MOOK　鎌倉・江ノ電さんぽ』（交通新聞社）
『散歩の達人MOOK　京急線さんぽ』（交通新聞社）
『東京生活別冊　横浜生活No.3』（枻出版社）
『横浜本』（枻出版社）
『わたしたちの神奈川県　平成26年版（2014年版）』
『私立探偵濱マイク　DVD　BOOK　Vol.1』（宝島社）
DVD『ヨコハマメリー』（レントラックジャパン）
網站「はまれぽ.com」（アイ·ティ·エー）
http://hamarepo.com/
網站「ランキングかながわ　～統計指標でみる神奈川～（平成26年度版）」
http://www.pref.kanagawa.jp/cnt/f531047/
網站「統計指標でみる神奈川（時系列編）（平成25年度版）」
http://www.pref.kanagawa.jp/cnt/f480433/
網站「ランキングかながわ（地域編）（平成24年度版）」
http://www.pref.kanagawa.jp/cnt/f420360/
Facebook 粉絲專頁「神奈川県若手広報室!!」

＊除此之外還參考各縣市的自治團體統計資料、觀光手冊、公司官網以及神奈川新聞等日本全國報紙的資料。同時也收錄了許多從深愛著橫濱與神奈川的人們身上獲得的寶貴意見。在此深深表達無盡的感謝。

國家圖書館出版品預行編目(CIP)資料

別傻了這才是橫濱：燒賣．中華街．和洋文化交融……
49個不為人知的潛規則 / 都會生活研究專案著；許郁文譯
．──初版．──新北市：遠足文化，2016.04──（浮世繪；11）
譯自：横浜ルール
ISBN 978-986-92775-1-8(平裝)

1. 生活問題 2. 生活方式 3. 日本橫濱市

542.5931　　105001203

浮世絵11──横浜
別傻了這才是橫濱
燒賣．中華街．和洋文化交融……
49個不為人知的潛規則

作者	都會生活研究專案
譯者	許郁文
總編輯	郭昕詠
責任編輯	徐昉驊
編輯	王凱林、賴虹伶、陳柔君、黃淑真、李宜珊
通路行銷	何冠龍
封面設計	霧室
排版	健呈電腦排版股份有限公司
社長	郭重興
發行人兼	
出版總監	曾大福
出版者	遠足文化事業股份有限公司
地址	231 新北市新店區民權路 108-2 號 9 樓
電話	(02)2218-1417
傳真	(02)2218-1142
電郵	service@bookrep.com.tw
郵撥帳號	19504465
客服專線	0800-221-029
部落格	http://777walkers.blogspot.com/
網址	http://www.bookrep.com.tw
法律顧問	華洋法律事務所　蘇文生律師
印製	成陽印刷股份有限公司
電話	(02)2265-1491

初版一刷　西元 2016 年 5 月
Printed in Taiwan